Peter G. Hanson

Joy of Stress

Spaß am Streß

Aus dem Englischen übersetzt
von Martina Schmidt

BASTEI
LÜBBE

BASTEI-LÜBBE-TASCHENBUCH
Band 60 250

Für meine Frau Sharilyn
und unsere Kinder
Kimberley und Trevor

Deutsche Erstveröffentlichung
Titel der Originalausgabe: JOY OF STRESS

Printed in West Germany, July 1989
Einbandgestaltung: Adolf Bachmann
Titelbild: ZEFA
Satz: ICS Communikations-Service GmbH, Bergisch Gladbach
Druck und Bindung: Ebner Ulm
ISBN 3-404-60250-1

Inhalt

Über den Autor

Auf seinen Vortragsreisen durch Kanada, die USA und Europa hat Dr. Hanson Menschen aller Schichten und Altersgruppen in seinen Bann gezogen. Dies durch seine unnachahmlich direkte, immer aber humorvolle Einstellung, mit der er an das Thema Streß und Bewältigung herangeht.

1947 wurde er in Vancouver (British Columbia) geboren, aufgewachsen ist er in fünf der zehn kanadischen Provinzen. Daß er das Zeug zum Redner hat, zeigte sich schon in frühen Jahren: Als 14jähriger arbeitete er nicht nur als Studio-Regisseur für Fernseh-Live-Produktionen, sondern war auch in Sketch-Programmen vor der Kamera zu bewundern.

Im Alter von 23 schloß er sein Medizinstudium an der Medical School der Universität Toronto ab. Ein Jahr später war er der jüngste Arzt Nordamerikas, der einen großen professionellen Football-Verein betreute.

Ferner arbeitete Dr. Hanson drei Jahre lang auf der Unfallstation eines Torontoer Krankenhauses. Im Jahr 1973 eröffnete er dann seine Praxis, die in medizinischen Fachzeitschriften als eine der modernsten und selbstgeführten Familienpraxen in Nordamerika gilt.

Vorwort

In unserem Zeitalter, in dem Operationen am offenen Herzen und Laserstrahl-Therapie an der Tagesordnung sind, sollte man glauben, daß die durchschnittliche Lebenserwartung dramatisch gestiegen sei. Dies ist aber nicht der Fall. Trotz unserer hochtechnisierten Medizin sterben heute die meisten Menschen ungefähr im gleichen Alter wie vor hundert Jahren, als die medizinischen Therapieverfahren noch in den Kinderschuhen steckten. Was machen wir falsch?

Zum einen neigen wir zu dem Glauben, daß körperliche Gesundheit und ein langes Leben *passiv* erreicht werden, d. h., wir können unsere Gesundheit einfach ignorieren, bis irgend etwas kaputt geht, und dann überlassen wir die ›Reparatur‹ unseren Ärzten, während in Wirklichkeit aber jeder von uns *aktiv* dazu beitragen muß. Zum anderen werden wir heutzutage mit ganz anderen, komplexeren und gut getarnten Streßfaktoren konfrontiert als unsere Vorfahren. Und diese erfordern *gut durchdachte* Verteidigungsstrategien, die wir nicht länger unseren unbewußten Reflexen überlassen dürfen.

Als praktischer Arzt sehe ich nicht nur, welche Krankheit ein Patient hat, sondern auch, welcher *Patiententypus* zu welcher *Krankheit* gehört. Wenn bestimmte Patienten einen Herzanfall oder Lungenkrebs bekommen oder sich ständig mit Viruserkrankungen herumplagen, dann ist das mehr als nur Pech. Denn diese schweren Krankheitsfälle haben häufig eines gemeinsam: Die Patienten haben ihr Leben – meist auf Grund von falschem Umgang mit Streß – schlecht ›gemanagt‹.

Die Tatsache, daß diese Fehler leicht zu korrigieren sind, darf ihre verheerenden Auswirkungen jedoch nicht verharmlosen. Unter Streßeinwirkung fühlen sich diese Menschen nicht auf der Höhe ihrer Leistungsfähigkeit: Im Beruf fallen sie hinter ihre Möglichkeiten zurück, ihre Gesundheit ist meist angeknackst, und oft sterben sie viel zu früh. Trotz zahlreicher Bücher zum Thema Streß, Gesundheit, Unfallverhütung, Ernährung, Übergewicht, Erfolg und Motivation schaffen es diese Menschen einfach nicht, ihr Leben in die richtigen Bahnen zu lenken. Dies schlägt sich nicht nur in den alarmierenden Todes- und Krankheitsstatistiken nieder, sondern auch in dem Mangel an Lebensqualität im Alltag und vielleicht am deutlichsten in den immensen Profitverlusten unserer Wirtschaft.

Die Mehrzahl der bislang zu diesem Thema veröffentlichten Bücher stammt aus der Feder von Fachärzten – Kardiologen, Medizinforschern, Ernährungswissenschaftlern usw. Doch gehen die meisten Menschen (meines Erachtens zu Recht) zu ihrem Hausarzt, um von ihm zu erfahren, wie sie diese hochspezialisierten Ratschläge auf ihre eigene Situation anwenden können.

Als Hausarzt bekomme ich einen guten Einblick in die *praktische* Seite des Lebens meiner Patienten. Ich habe über 1000 Babys zur Welt gebracht und über 20000 Notfälle behandelt. Meine Praxis ist mit über 4000 Patienten ein wahrer Bienenkorb, und ich sehe an die 50 Patienten pro Tag – in der Praxis, im Krankenhaus und sogar bei Hausbesuchen.

Zudem habe ich auf Veranstaltungen mit Tausenden von Menschen auf der ganzen Welt gesprochen und ihre Probleme und Fragen mit ihnen diskutiert. Wie die meisten Allgemeinmediziner habe ich Patienten aller Altersstufen, vom Neugeborenen bis zum Greis. Und ebenso wie ein erfahrener Lehrer vorhersagen kann, welcher Schüler versagen und welcher brillante Leistungen bringen wird, weiß der vielbeschäftigte praktische Arzt, welche Patienten ein langes, gesundes Leben führen werden. Mit demselben Scharfblick entdeckt er jedoch auch diejenigen, denen ein kurzes, weniger produktives Leben beschieden ist.

Mit meinen Ratschlägen habe ich vielen Menschen helfen können. Ich habe aber auch das eine oder andere Mal gegen Windmühlen gekämpft, wenn ich sah, daß mein Rat auf taube Ohren stieß. Ich habe die Trauer in den Augen der jungen Frau gesehen, als ich ihr mitteilen mußte, daß ihr Mann an den plötzlichen Schmerzattacken in seiner Brust gestorben ist. Ich mußte die zwei kleinen Kinder trösten, deren Eltern niemals wiederkommen würden, nur weil sie sich im Auto nicht angeschnallt hatten. Ich habe den erschrockenen Gesichtsausdruck eines Krebskranken gesehen, der über die gesundheitlichen Risiken des Rauchens informiert war, aber nicht im Traum damit rechnete, daß *er* eines Tages betroffen sein würde.

Ich möchte nicht behaupten, daß jeder vorzeitige Todesfall vermieden oder – wie uns das Beispiel des Kinderkrebses so eindringlich vor Augen führt – auch nur erklärt werden kann. Aber ebenso, wie sich im Casino die Bank hin und wieder die Trümpfe zuschustert, schulden Sie sich und denen, die Sie lieben, daß Sie jeden Vorteil nutzen und sich alle Trümpfe sichern. Denn es wird verdammt hoch gespielt: Ihre Gesundheit, Wohlstand und Glück hängen davon ab.

Das Ziel dieses Buches ist, Sie dabei zu unterstützen, den Spieß umzudrehen – auf daß Sie Ihren Teil dazu beitragen, die derzeitigen Lebenserwartungs- und Produktivitätsstatistiken ad absurdum zu führen. In diesem Buch erfahren Sie nützliche, praktische Hinweise, die Sie sofort in die Tat umsetzen und für den Rest Ihres Lebens anwenden können. (Damit sind allerdings nicht die kurzen Ausbrüche von wohlgemeintem Enthusiasmus gemeint, die sehr schnell wieder vom Rückfall in alte, schlechte Gewohnheiten abgelöst werden).

Einige der in diesem Buch angeschnittenen Punkte sind Ihnen sicher schon bekannt. Andere hat Ihnen Ihr Arzt bereits des öfteren ans Herz gelegt. Dennoch werden Sie auch viel Neues erfahren in bezug auf *Fakten* und *Perspektiven*.

Um ganz am Anfang zu beginnen, werden wir uns zunächst mit der menschlichen Anatomie beschäftigen. Unter Streßeinwirkung finden nämlich bestimmte physiologische Veränderungen statt, die – wenn Sie sie nicht durchschauen, was daher als erstes dringend erforderlich ist – sich negativ auf Ihr Gesamtbefinden auswirken können. Zum zweiten müssen Sie die Streßmomente, mit denen Sie konfrontiert werden, identifizieren und ihr Ausmaß richtig einschätzen lernen. Denn sie wuchern oft im Verborgenen. Wenn Sie es aber nicht schaffen, diese zu erkennen, können Sie sie auch nicht meistern.

Drittens werden Sie lernen, wie Sie Ihre eigene Streß-*Resistenz* richtig bemessen: Finden Sie also heraus, ob Sie ›kugelsicher‹ oder ein ›leichtes Opfer‹ sind. Wenn Sie zur letzteren Gruppe gehören, werden Sie durch dieses Buch lernen, wie Sie mit zehn einfachen Entscheidungen Ihre Widerstandskraft gegen schlechte Streßeinwirkung erhöhen können.

Im Anschluß daran werden wir uns kurz mit dem Thema Ernährung beschäftigen – eine simple körperliche Erfordernis, die aber eine beunruhigende Anzahl absurder bis gefährlicher ›Super-Diäten‹ hervorgebracht hat.
Wir werden uns mit dem Übergewicht auseinandersetzen und einen praktikablen Weg beschreiben, der Ihnen hilft, *normal* zu essen. Die hohe Versagerquote populärer Diätbücher beweist, daß eine einfache Lösung des Problems dringend nötig ist. Meine Empfehlungen können ein Leben lang ohne Selbstkasteiung und ohne den schmerzlichen Verzicht auf bestimmte Lieblingsspeisen befolgt werden.
Später werden wir uns mit selbstverursachtem Streß befassen (Verhalten von Typ A) und neue Einsichten über die Bewältigung desselben vorstellen.
Sind Sie erfolgreich? Wenn nicht, dann bleiben Sie höchstwahrscheinlich hinter Ihren finanziellen Möglichkeiten zurück und verkürzen auch Ihre produktive Lebenszeit. Mit Hilfe dieses Buches lernen Sie, Ihren Erfolg in den Bereichen Einkommen, Privatleben, Gesundheit und Beruf zu bemessen. Finden Sie heraus, wie *Sie* in diesen wichtigen Gebieten abschneiden. Lernen Sie die drei Hansonschen Prinzipien zum richtigen Umgang mit Streß kennen und erfahren Sie, wie Sie sich gleichzeitig ein wenig verhätscheln können. Sie werden sehen, wie andere bei der Problemlösung versagen, weil sie die Schuld dafür auf Dinge schieben, die sich ihrer Kontrolle entziehen. Finden Sie doch heraus, ob Sie nicht mehr Erfolg haben, wenn Sie sich auf das konzentrieren, was tatsächlich hinter den Rechtfertigungsversuchen steckt.
Ich hoffe, dieses Buch ist so instruktiv und unterhaltend, daß es Sie dazu anregt, ein *langes* Leben voller Glück, Erfolg und Gesundheit zu führen.

Wieso Spaß am Streß?

Streß ist eine höchst individuelle Reaktion. Stellen Sie sich vor, Sie müßten vor ein großes Publikum treten und eine Rede halten. Entweder Sie gehören zu dem Typ Mensch, den ein solches Streßerlebnis beflügelt, oder aber Sie gehören zu dem anderen Typus, der angesichts einer derartigen Streßsituation erstarrt und kein vernünftiges Wort mehr herausbringt.

Streß kann phantastisch sein – oder eben auch fatal. Das hängt einzig und allein von Ihnen selbst ab. Obwohl es wichtig ist, die Gefahren, die im Streß lauern, richtig einzuschätzen, können Sie ebenso lernen, Nutzen aus seinen positiven Eigenschaften zu ziehen.

Olympische Rekorde werden in den seltensten Fällen im Trainingslager aufgestellt; dazu braucht es eben der Aufregung des Wettkampfs, sprich Streß, vor einer johlenden Menge. Ein Student arbeitet meist dann am effektivsten, wenn ihm der Abgabetermin für eine Hausarbeit im Nakken sitzt oder das Examen bedrohlich näher rückt. Schauspielerische Höchstleistungen werden nicht bei Proben erzielt, sondern vor einem echten Publikum, und Trapezartisten werden vermutlich ohne Sicherheitsnetz atemberaubende Glanzleistungen erbringen.

Passionierte Pokerspieler setzen sich nur dann an den Spieltisch, wenn es um höchste Einsätze geht. Sobald nur um Pfennigbeträge oder gar Zahnstocher gespielt wird, ist nicht nur das Risiko dahin, sondern auch die immense Konzentration, die Freude am Bluffen und die Erregung beim Gewinnen. Menschen mit einem eher ruhigen (oder langweiligen) Arbeitsleben suchen sich häufig absichtlich streßbetonte Freizeitaktivitäten aus, wie zum Beispiel Fallschirmspringen, Bergsteigen, alpinen Skilauf, Horrorfilme oder lediglich eine Fahrt auf der Achterbahn. Mit solchen Streßsituationen bringen sie Freude und Schwung in ihr Leben.

Zuviel Streß kann sich jedoch negativ auswirken. Hier einige Beispiele: Wenn ein olympischer Hochspringer, der ohnehin schon unter Spannung steht, noch zusätzlich befürchten muß, daß ein Anschlag auf ihn verübt werden wird, vermasselt er seinen Sprung schon im Ansatz. Ebenso ist es auch möglich, daß ein hochbegabter Student aus Konzentrationsmangel sein Examen verpatzt, wenn er kurz vorher eine traumatische Trennung von seiner Freundin hat durchmachen müssen. Und auch der beste Schauspieler wird nur eine mittelmäßige Aufführung zustande bringen, wenn er drei Wochen lang von einem verrückten Regisseur gepiesackt, erniedrigt und angebrüllt worden ist.

Zuwenig Streß kann aber ebenso verheerende Folgen haben. Nicht selten wirkt sich der Schritt von einem erfüllten Arbeitsleben in das Dasein als Pensionär katastrophal aus: Wie oft kommt es vor, daß schon nach zwei Jahren der Lebenswille zerbricht, der Pensionär senil wird oder einfach dahinsiecht, wenn er nicht durch neue Interessen Streß erfahren kann! Viele Rentner müssen zu ihrem Leidwesen feststellen, daß sie für kleine Arbeiten, die sie früher mit Leichtigkeit nebenher verrichtet haben, jetzt Tage brauchen. Und, was noch schlimmer ist: Häufig bringen sie dann noch nicht einmal ein zufriedenstellendes Ergebnis zustande.

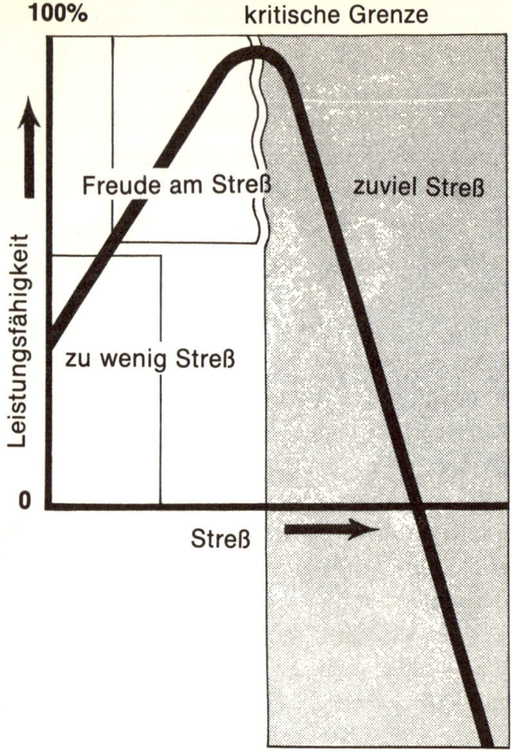

Wenn Sie herausfinden wollen, in welchem Bereich dieser Grafik Sie sich befinden, stellen Sie sich einfach folgende Frage: ›Wird der Streß, den ich mir durch eine zusätzliche Verantwortung bei der Arbeit oder zu Hause (gleichgültig, wie gering sie auch sein mag) aufhalse, meine Leistungsfähigkeit steigern oder senken?‹ Um Ihre Energie bestmöglich zu nutzen, finden Sie heraus, ob diese neue Aufgabe wichtig für Ihre Gesundheit, Ihren Wohlstand und Ihr Glück ist. Auf keinen Fall darf die neue Aufgabe eine Zeitverschwendung sein!

Wie Sie der Grafik entnehmen können, wird die Leistungsfähigkeit durch ein Mehr an Streß ins Optimale gesteigert. Bis zu diesem Punkt trifft die alte Studentenweisheit ›je mehr Druck, desto besser das Ergebnis‹ durchaus zu.
Jenseits der kritischen Grenze fällt Ihre Leistungsfähigkeit jedoch rapide ab, sogar bis unter Null. Das heißt, daß Sie mit zuviel Streß nicht nur unproduktiv, sondern sogar unbrauchbar werden können. Wenn Sie sich also zum Beispiel durch einen besonders hektischen Zeitplan dieser kritischen Grenze nähern, kann schon eine unbedeutende zusätzliche Aufgabe (wenn Sie am Montagmorgen als erstes herausfinden müssen, wo Ihr Hund den Autoschlüssel vergraben hat) ausreichen, Sie über Ihre Grenze zu katapultieren. Haben Sie diesen Zustand erst einmal erreicht, dann wird es Ihnen unmöglich, die einfachsten Arbeiten zu Ihrer Zufriedenheit zu erledigen.
Diese Grafik trifft zwar auf jedermann zu, doch wieviel und welche Art von Streß erforderlich ist, um höchste Leistungsfähigkeit zu erreichen, ist von Mensch zu Mensch verschieden. Die Grafik ist dynamisch, d. h., sie paßt sich jeder Veränderung in Ihrem Leben an. Daher sollten Sie sie zur Überprüfung häufig heranziehen.
Wenn Sie sich in dem ›Zu-wenig-Streß‹-Bereich befinden, sollten Sie zusätzliche Pflichten übernehmen, egal, ob diese zu Hause, bei der Arbeit oder in der Freizeit auf Sie warten. Sie könnten zum Beispiel ›ja‹ sagen zu einem neuen, größeren Wagen, wenn Sie ihn wirklich benötigen und meinen, daß er eine gute Investition darstellt. Eine solche zusätzliche Verantwortung wird den erforderlichen Streß bringen, der Ihre gesamte Leistungsfähigkeit und Lebensfreude drastisch erhöht.
Sollten Sie sich aber in dem gefährlichen ›Zuviel-Streß‹-Bereich bewegen, dann müssen Sie zunächst lernen, ›nein‹

zu sagen. Dieses Buch wird Ihnen zudem einige wichtige Tips geben, wie Sie Ihre Reserven und Fähigkeiten so in den Griff bekommen, daß Ihr Verteidigungssystem gestärkt wird. Dazu gehört, daß Sie nebensächliche Arbeiten, wie zum Beispiel ehrenamtliche Tätigkeiten oder sogar kleinere Reparaturarbeiten im Haus, aufgeben. Sie müssen lernen, so viel wie möglich zu delegieren. Wenn Ihr Lebensstil Sie in den psychischen Bankrott treibt, legen Sie einen niedrigeren Gang ein: Warum ziehen Sie nicht in eine kleinere Wohnung, verzichten auf all die luxuriösen Kinkerlitzchen und machen so Ihr Leben einfacher?
Um die Freude am Streß kennenzulernen, müssen Sie sich erst selbst erkennen. Suchen Sie sich in Ihren ›Lehrjahren‹ Beschäftigungen heraus, die Ihren Fähigkeiten entsprechen. Und: suchen Sie sich Aktivitäten aus, die sicherstellen, daß Sie Ihre Fähigkeiten für den Rest Ihres Lebens auch anwenden können. Berechnen Sie Ihre Streßmöglichkeiten und Streßgrenzen und treffen Sie dann die richtigen Entscheidungen, damit Sie streßresistent – und nicht streßanfällig – werden (s. Kapitel 3).
Versuchen Sie, Ihren Erfolg zu vergrößern, indem Sie Zeit und Energie in alle vier Eckpfeiler Ihres Lebens investieren – *finanzielles* Auskommen, *persönliches* Glück, körperliche *Gesundheit* und Ansehen im *Beruf* (s. Kapitel 9).
Wenn Sie diese Lebensbewältigungs-Strategien beherrschen, werden Sie die echte Freude am Streß erfahren. Außerdem wird Ihre Lebensfreude länger anhalten, als Sie es bisher für möglich hielten, und sich Ihr beruflicher Erfolg zu neuen Höhenflügen anschicken. Das ist das ganze Geheimnis des persönlichen Erfolgs! Sie brauchen weder teure Vitamintabletten oder Mineralstoffkapseln zu kaufen noch Zeit und Geld für komplizierte gesundheitsfördernde Maßnahmen zu verschwenden.

Dennoch: Es wird Ihnen nicht alles in den Schoß fallen. Viele von Ihnen werden – zumindest anfangs – sehr viel Mut für die richtigen Entscheidungen aufbringen müssen. Wenn Sie sich aber erst einmal an die (für Sie) richtigen Entscheidungen gewöhnt haben, werden die falschen nach und nach ihre Attraktivität verlieren.
Warum treffen die meisten Menschen Fehlentscheidungen? Der Grund liegt in einer unbewußten Inkompetenz und in der schlecht verborgenen Feindseligkeit gegenüber allem und jedem, der ihre ›heiligen Laster‹ bedroht. Viele glauben, die einzige Möglichkeit, sich gegen Streß zu behaupten und ein hohes Alter zu erreichen, bestehe darin, ein mönchisch langweiliges Dasein voller Selbstverleugnung und harter Disziplin zu führen. Diese Ansicht ist nicht nur ein Trugschluß, sie ist auch ein wichtiger (wenn nicht der einzige) Rechtfertigungsgrund für den falschen Lebensstil. Die meisten Menschen halten Streß für einen negativen Faktor – und sehen die *Streß-Bewältigung* in einem ungünstigen Licht.
Diese Vogel-Strauß-Politiker können kaum ein schadenfrohes Grinsen unterdrücken, wenn sie lesen, daß jemand beim Joggen gestorben ist. Denn eine solche Nachricht scheint sie in ihrer Trägheit zu bestätigen, so daß sie beruhigt ihren Glimmstengel in der halbleeren Kaffeetasse ausdrücken können.
Doch nichts könnte unangebrachter sein als eine solche Einstellung. Was ich jedem einzelnen meiner Patienten und auch *Ihnen*, meinem Leser, dringend empfehle, ist *egoistisch* zu sein: Versuchen Sie, so lange es geht, so viel wie nur möglich aus Ihrem Leben herauszuschlagen. Seien Sie spontan. Seien Sie heiter. Nehmen Sie normales Essen zu sich. Genießen Sie Ihr Glas Bier oder Wein, wenn Ihnen danach ist. Lassen Sie sich den Wind um die Nase wehen.

Seien Sie stolz auf die Sportlichkeit Ihres Körpers, und erfreuen Sie sich daran, mit Ihren Kindern und Enkeln herumzutollen.
Hören Sie nicht auf dazuzulernen. Nehmen Sie sich die Zeit, mit all Ihren Sinnen die Schönheit der Farben, der Klänge und Düfte in sich aufzusaugen. Seien Sie integer in all Ihren Angelegenheiten. Verdienen Sie sich den Respekt Ihrer Mitmenschen, die Loyalität Ihrer Freunde und die Liebe Ihrer Kinder und des Partners. Verschieben Sie die Grenze der Senilität außer Reichweite und verlängern Sie Ihre produktiven, erfüllten Lebensjahre, soweit Sie können. Das ist DIE FREUDE AM STRESS.

Kapitel 1

Streß und Lebenserwartung

›Älter als 100 Jahre werden? – Nie im Leben!‹

Sterben möchte eigentlich niemand. Dennoch ist der Gedanke, einhundert Jahre alt zu werden, für die meisten Menschen eine Horrorvorstellung. Der Grund: Hierzulande grassiert eine Schreckensvision vom typischen Hundertjährigen, der greisenhaft und kränkelnd vor seiner Geburtstagstorte sitzt und von dem Trubel um ihn herum so gut wie nichts mitbekommt. Mit dem Ergebnis, daß seine Angehörigen mehr als dankbar sind, wenn sich abends die Tore des Altenpflegeheims wieder hinter ihm schließen. Solche Vorstellungen und das von den Medien aufgebauschte Ideal ewiger Jugend sind die Gründe, warum so viele von uns noch nicht einmal Dreißig oder Vierzig werden wollen.

Unsere Lebensqualität hat sich in den letzten Jahren nicht zuletzt durch gesündere Ernährung und medizinischen Fortschritt entscheidend gebessert. Warum sollte es uns also nicht gelingen, diese stereotypen Vorstellungen vom Alter ebenso zu verändern, wie Robert Redford und Jane Fonda das Image der Vierzigjährigen oder Joan Collins das Bild der Frau im Klimakterium neu definiert haben? Was

als ›typische Alterserscheinungen‹ abgehakt wird, ist nichts als der Mißbrauch, den wir mit unserem Körper getrieben haben. In meiner Praxis muß ich immer wieder feststellen, daß die häufigsten Krankheits- und schließlich auch Todesursachen in falschem ›Lebens-Management‹ oder, weniger höflich ausgedrückt, in Inkompetenz wurzeln.
Ebenso wie ein schlechtes Management eine Firma in den Bankrott treiben kann, ist es auf physiologischer Ebene dafür verantwortlich, daß Muskeln ›alt und steif‹ werden, der Geist ›senil‹, die Arterien ›verkalken‹ und der ganze Körper vorzeitig stirbt.
Natürlich kann nicht jeder ein dreistelliges Lebensalter erreichen, aber ganz bestimmt sollte jeder nach seiner persönlichen ›Höchstmarke‹ streben. Niemand sollte vor seiner Zeit sterben.
Heutzutage findet man unter hunderttausend Amerikanern nur ganze drei Hundertjährige. In anderen ursprünglicheren Regionen (zum Beispiel in Abchasien, einer Teilrepublik von Georgien und im Hunza-Tal im Karakorum) steigt die Zahl auf vierzig bis sechzig pro hunderttausend Einwohner.
Eine nähere Untersuchung dieser Bevölkerungsgruppen zeigt, daß sie, bei allen Unterschieden, eine Gemeinsamkeit aufweisen: Die älteren Menschen werden nicht geschont, sie haben *Streß*. Sie spielen bis zu ihrem Tod eine körperlich und geistig aktive Rolle in der Gemeinschaft.
In solchen Gesellschaften nehmen Streß und Verantwortung im Alter tendenziell sogar noch zu. Derselbe Trend zeigt sich in unserer Gesellschaft bei Menschen, die sehr alt werden: Dirigenten, Künstler, Firmenchefs, die sich nicht aus dem Geschäftsleben zurückziehen, erfolgreiche Frauen, Nonnen und Mormonen erreichen alle durchweg ein höheres Alter als der Durchschnitt.

Zu der Gruppe, die bei dieser Aufzählung bestimmt nie auftauchen wird, gehören diejenigen Senioren, die sich nach Erreichen des Rentenalters in die totale Inaktivität zurückziehen – für viele Menschen der einzige Lebensplan im ›dritten Drittel‹. Der Grundgedanke unserer Altersheime zielt darauf ab, den Senioren die Streßmomente des täglichen Lebens (Einkaufen, Verkehr, Haus- und Gartenarbeit usw.) zu ›ersparen‹. Erst in letzter Zeit ist es uns bewußt geworden, daß der totale Verzicht auf diese Streßfaktoren mehr Schaden als Nutzen bringt, es sei denn, Gesundheitsprobleme vereiteln solche Aktivitäten.
Lediglich bei Berufsgruppen, die exzessivem, unkontrollierbarem Streß ausgesetzt sind, wie z. B. Feuerwehrmänner, Fluglotsen, Polizisten und Fließbandarbeiter, verkürzt sich die Lebensspanne.

Die ›Mythologie‹ des Alterns

Wie sehen bei näherer Betrachtung die gängigen Vorstellungen vom Alter aus? Von Senioren wird – zu Recht oder Unrecht – angenommen (manchmal glauben sie es auch selbst), sie seien

1. nutzlos
   Im Alter von 60 bis 65 aus dem Arbeitsprozeß ausgestoßen.
2. sexuell inaktiv
   ›Alt und häßlich‹, lautet das Urteil der Massenmedien.
3. einsam
   Abgeschoben in Altersheime, Pflegestationen und anonyme Wohnblocks, wo sie wenig Kontakte zu anderen Altersgruppen haben.

4. arm

Viele Senioren leben heute wirklich von der Hand in den Mund. Oft genug müssen sie sich daher aus finanziellen Erwägungen in die Abhängigkeit von Familie oder Vater Staat begeben. Nur diejenigen, die über genug Geld verfügen, können sich ihre Eigenständigkeit bewahren.

5. senil

Einmal vom Alltagsstreß abgeschirmt, scheinen die Senioren mit den vielfältigen Reizen der Außenwelt ihr Kurzzeitgedächtnis zu verlieren. Daher kreisen ihre Erinnerungen und Gespräche um die ›guten, alten Zeiten‹. Jedoch dreht es sich bei den Erinnerungen, die ihnen am präsentesten sind, stets um Situationen, in denen sie Streß im Übermaß erfahren haben, wie z. B. Hochzeit, Geburt, Krieg, Epidemien, Wirtschaftskrisen, Dürreperioden, Schneestürme und Sturmfluten.

6. ausgebrannt und deprimiert

Obwohl die folgende These sicherlich nicht wissenschaftlich fundiert ist, erkenne ich sofort, wann ein alter Mensch sich aufgegeben hat und keinen Lebenswillen mehr besitzt: Der Zeitpunkt ist gekommen, wenn er oder sie (ohne zwingenden Grund) aufhört, sich neue Kleidungsstücke zu kaufen.

Deprimiertheit und das Warten auf den nahen Tod läßt solche Einkäufe sinnlos erscheinen. Diese Art negativen Denkens, die sich in abgewetzten Hosenböden widerspiegelt, ist ein klassisches Zeichen dafür, daß das Leben vorbei ist.

Es ist dann nur noch eine Frage der Zeit, wann diese lebenden Toten ihrer deprimierten Geisteshaltung ins Grab folgen.

7. körperlich ausgelaugt
   Es würde an Augenwischerei grenzen, anzunehmen, daß das Altern keine zerstörerischen Veränderungen im Körper bewirkt. Es ist nur allzu bekannt, daß das Bindegewebe degeneriert und seine Elastizität verliert, die Bandscheiben verschleißen und der Mensch dadurch bis zu 5 cm schrumpft. Auch die Stimme zollt dem Altern ihren Tribut, denn die zunehmende Verhärtung der Stimmbänder gibt dem vormals melodiösen Organ einen schrilleren Klang. Die Haut wird dünn und pergamentartig, was durch exzessive Sonnenbestrahlung, Alkoholgenuß und falschen Streß noch verstärkt werden kann (s. Kapitel 10).

All diese Alterserscheinungen sind uns ebenso geläufig wie das Eintrüben der Augenlinsen (Grauer Star), Glatzenbildung und viele mehr. Sie können natürlich nicht verhindert werden. Aber es muß noch einmal betont werden, daß *ein Großteil der als normal akzeptierten Alterserscheinungen lediglich auf ein falsches Lebens-Management zurückzuführen ist.*

Beispiel Muskelschwund: Eigentlich haben Ihre Muskeln keinen blassen Schimmer von dem Datum auf Ihrer Geburtsurkunde. Sie wissen lediglich, ob sie in der letzten Zeit trainiert wurden oder nicht. Und der durchschnittliche ältere Mensch hat seit Jahrzehnten jede physische Anstrengung vermieden.

Ausnahmen finden sich auch zu dieser Regel unter der Landbevölkerung, wo die sogenannten Alten noch auf dem Feld ihr Tagwerk verrichten: keine Spur von ›normalem‹ Muskelverfall, den ihre städtischen Altersgenossen beklagen.

Auch Arthritis wird oft in einem Atemzug mit dem Altern

erwähnt. Dabei ist diese Krankheit an kein Alter gebunden. Da bei alten Leuten durch Mangel an körperlicher Betätigung die Muskeln schrumpfen (zum Beispiel an Händen und Beinen), erscheinen die Gelenke vergrößert, ohne daß sie dabei arthritisch sind. Und dennoch: Bei stark belasteten Gelenken, wie dem Knie, werden die Knochen ohne ausreichende Unterstützung durch den Oberschenkelmuskel bei jedem Schritt aneinanderreiben, was zu Schwellungen und starken Schmerzen führen kann. Aber auch diese Auswirkungen ließen sich durch richtige, konstante körperliche Betätigung vermeiden.

Nach neueren Erkenntnissen der Altersforschung (Gerontologie) führt das Nachlassen der Immunabwehr, die durch die Thymusdrüse und das Hormon *Thymosin* gesteuert wird, dazu, daß ältere Menschen mit zunehmendem Alter gegen Infektionskrankheiten und Krebs anfälliger werden. Eines Tages werden wir aber womöglich ein Thymosin-Substitut zur Verfügung haben, das als Nahrungsergänzung zusammen mit Vitaminen und anderen Vitalstoffen den Thymosin-Spiegel im Blut konstant halten kann.

Außer für die Ankurbelung des Immunsystems sind die Thymosine auch für die Ausschüttung von ACTH (*A*dreno-*c*ortico*t*ropes *H*ormon) verantwortlich, das wiederum die Cortison-Ausschüttung der Nebennierenrinde regelt. Ferner erteilen sie den Befehl für die Produktion von Endorphinen, die ähnlich wie Morphium wirken und daher als körpereigene Opiate gelten. Beide Substanzen werden in der Hirnanhangdrüse (Hypophyse) produziert, und da ihr Spiegel im Alter absinkt, haben einige der typischen Alterserscheinungen durchaus einen physiologischen Grund. (Ein paar Stunden Gartenarbeit können beim älteren Menschen also richtige Schmerzen auslösen, die er in früheren Jahren nicht gespürt hätte.) Doch ist die moderne Forschung bemüht, eine Lösung für dieses Problem zu finden. Dabei kann das Wiederentdecken der Akupunktur von großem Nutzen sein, eine uralte Kunst, die seit Jahrtausenden gegen diese Symptome eingesetzt wird. Mit Erfolg, denn Akupunktur bewirkt die Ausschüttung von ACTH und Endorphinen.

> Hans Selye schreibt, daß jedem Menschen ein gewisses Potential an **Anpassungsenergie** in die Wiege gelegt wird. Man muß sie sich ungefähr wie einen Beutel voller Münzen vorstellen, die – sobald sie ausgegeben sind – nicht wieder ersetzt werden können. In seinen Untersuchungen an Soldaten mit Kriegsneurose hat Lord Moran, Sir Winston Churchills Leibarzt, diese Energie als ›Mut‹ bezeichnet. Der eine wird mit mehr, der andere mit weniger Anpassungsenergie bzw. Mut geboren. Wer seine Anpassungsenergie verbraucht hat, ist ausgebrannt. Das Resultat: Senilität im Alter und Kriegsneurose bei jungen Soldaten.

Frauen und Langlebigkeit

Frauen scheinen ganz einfach zäher zu sein. Oft genug überleben sie ihre männlichen Altersgenossen um Jahrzehnte. Kriegseinflüsse, ein höherer Zigaretten- und Alkoholkonsum sowie ein Übermaß an *Streß* bringen die Herren der Schöpfung zu einem viel früheren Zeitpunkt unter die Erde. Dieser fatale Streß ist eine Folge der Unrast, die die Produktions- und Arbeitsverhältnisse in unserem Jahrhundert charakterisiert. (In Kapitel 8 werde ich näher auf dieses Thema eingehen. Wenn Sie jetzt nachgeschaut haben, was dieses Kapitel bringt, dann gehören Sie womöglich zum Typ A. Und gerade der darf es sich auf keinen Fall leisten, ganze Kapitel dieses Buches zu überschlagen!)

Ihre gesellschaftliche Rolle hat die Frau in der Vergangenheit vor diesen lebensverkürzenden Risiken weitgehend bewahrt: Sie zog nicht in den Krieg, Rauchen galt als unschicklich, und sie war auch nicht dem Streß der Akkordarbeit am Fließband ausgesetzt. Die Belastung durch die Kindererziehung darf natürlich nicht unterschätzt werden, aber dieser Streß brachte sie wenigstens nicht in ständigen Konflikt mit der Stechuhr.

Zweifelsohne ist es falsch anzunehmen, daß Frauen immer langlebiger waren und es auch in Zukunft sein werden. Es gab eine Zeit vor dem Ausbruch des Industriezeitalters, in der Frauen mit Regelmäßigkeit früher als ihre Männer starben. Die Gründe liegen auf der Hand:

1. Ein Großteil der Frauen starb im Kindbett.
2. Männer, die auf dem Feld arbeiteten, lebten gesünder. Sie waren ständig in Bewegung, stählten ihren Körper, ohne dem psychischen Druck der Stempeluhr ausgesetzt zu sein. Auch behielten sie die Kontrolle über das Produkt ihrer Arbeit (= Nahrungsmittel) bis zum Schluß, konnten sich also mehr mit ihrem Tagwerk identifizieren als der moderne Akkordarbeiter.
3. Der Zigarettenkonsum war auch bei den Männern noch sehr gering.
4. Ein Rentnerdasein in Müßiggang war gänzlich unbekannt.

Heute haben sich die Verhältnisse jedoch gründlich gewandelt: Frauen sind als Fließbandarbeiterinnen aus der modernen Industrie nicht mehr wegzudenken. Wenn sie auch noch weitgehend vom Militärdienst ausgeschlossen sind, so spielen sie als Polizistinnen schon seit langem eine wichtige Rolle in der Verbrechensbekämpfung. Über eine zigarettenrauchende Frau regt sich schon längst niemand mehr auf. In der Tat rauchen heute viel mehr junge Mädchen als Jungen.

Unsere gesamte Wirtschaft basiert mittlerweile auf der Erwartungshaltung, daß die meisten Ehepaare Doppelverdiener sind. So bleiben Frauen länger als je zuvor in ihren Berufen. Dessen ungeachtet müssen sie immer noch den Löwenanteil an Hausarbeit und Kindererziehung tragen, eine Doppelbelastung, die ohne Geburtenkontrolle und kleinere Familien gar nicht zu bewältigen wäre.

Die heute in unserer Gesellschaft lebenden und arbeitenden Mütter sind in einer Zeit aufgewachsen, in der berufstätige Frauen eher die Ausnahme waren. Von frühester Kindheit an hat man sie zu dem Bewußtsein erzogen, daß die natürliche und primäre Rolle der Frau in der Kindererziehung bestehe. So sind sie als arbeitende Frauen und Mütter auch noch zusätzlichen Schuldgefühlen ausgesetzt. Obwohl die Realität der Doppelverdiener geradezu nach einer radikalen Neudefinierung der Rollenverteilung schreit, sitzen auch moderne Frauen immer noch in der Zwickmühle zwischen Notwendigkeit und Schuldgefühl.

So kommt es, daß Frauen heute von den gleichen streßbedingten Krankheiten betroffen sind wie Männer. Die Annahme, daß der Besitz von Uterus und Eierstöcken ein längeres Leben garantiert, ist also ebenso falsch wie die, daß Jungmanager, die einem Herzinfarkt erliegen, automatisch Männer gewesen sind.

Länger leben – warum nicht?

Wenn wir die Anzahl der Zellteilungen in seinen Organen bedenken, müßte es dem Menschen – vom rein physiologischen Standpunkt her – möglich sein, ein wahrhaft biblisches Alter von hundert bis hundertfünfzig Jahren zu erreichen. Alles, was darunter liegt, sollte genaugenommen als ein ›zu früher Tod‹ gelten. Und die vielzitierten ›mittleren Jahre‹ sollten nicht vor dem sechzigsten Lebensjahr beginnen.

Menschen, die ihre liebgewonnenen ›Laster‹ verteidigen wollen, verweisen häufig auf das Beispiel Winston Churchills. Der britische Premier wurde neunzig Jahre alt – und das, obwohl er rauchte wie ein Schlot, viel zuviel trank und Sport verabscheute. Churchill verdankte sein hohes Alter seiner guten Konstitution und einer ständigen Stimulation durch Streß. Erst mit sechsundsechzig – einem Alter, in dem viele Menschen schon ein beschauliches Rentendasein führen – trat er sein Amt als Premierminister an, und noch im Alter von siebenundsiebzig stellte er sich erfolgreich zur Wiederwahl.

Seine Streß-Resistenz ist aber auch zum Teil auf die liebevolle Beziehung zu einer Frau zurückzuführen sowie auf seine Fähigkeit, jederzeit ein erfrischendes Nickerchen einzulegen (s. Kapitel 4).

Es ist also ganz offensichtlich, daß wir bei unseren älteren Mitbürgern, die im Durchschnitt nur fünfundsiebzig Jahre alt werden, irgend etwas falsch machen. Dabei wäre diese Situation durchaus vermeidbar, denn die Menschen sterben meist deshalb zu früh, weil sie – oft ohne es zu wissen – ihr Leben lang mit ihren Kräften falsch haushalten.

Gesundheit und Streß

Drei Viertel der gesamten Arbeits-Ausfallzeiten gehen auf streßbedingte Krankheiten oder Unfälle zurück. Streßpatienten bevölkern die Arztpraxen, die Krankenhausbetten und schließlich die Friedhöfe. Trotz all der Gesundheits-Aufklärung in den Medien tauchen streßbedingte Krankheiten für die meisten Menschen ganz überraschend auf. Auch wenn sie wissen, was Streß anrichten kann – *ihnen* kann das doch nicht passieren! Und dann kommt irgendwann, ganz unvermutet, der große Knall.

Fehlverhalten, mit denen sich die Menschen ins Krankenhaus bringen:

1. Sie schnallen sich im Auto nicht an.
2. Sie reagieren auf Streßsituationen falsch – mit Medikamentenmißbrauch, Rauchen, Alkoholkonsum und übermäßigem Essen (s. Kapitel 3). Durch diese Gewohnheiten werden oft auch noch unschuldige Dritte in Mitleidenschaft gezogen.
3. Sie verursachen durch Gedankenlosigkeit oder Leichtsinn Unfälle.
4. Sie unterschätzen den Wert der Freizeit. Sie arbeiten zuviel und schalten auch in Pausen nicht ab (s. Kapitel 8: Typ-A-Verhalten).
5. Sie ignorieren die Bedürfnisse ihres Körpers. Alles hat Priorität, nur nicht ihre Gesundheit.

Unter starker Streßeinwirkung befindet sich der Körper in größter Gefahr. Bei seinen Experimenten mit Laborratten fand Dr. Hans Selye heraus, daß die Tiere bei exzessiver Streßzufuhr (so wird zum Beispiel dem Tier zuerst ein Kunststück beigebracht, für das es im Anschluß bestraft

wird) krank wurden, vorzeitig alterten, Arterienverkalkung bekamen und frühzeitig starben. Dabei waren es in den meisten Fällen nicht einmal die schweren, hinlänglich bekannten Krankheitsbilder, die zum Tod führten, wie Magengeschwüre, Dickdarmentzündung oder Herzinfarkt durch Fettablagerungen in den Arterien. Die Tiere starben ganz einfach an kleineren Infekten, die rasch zu schweren Lungenentzündungen, Blutvergiftungen und Hirnhautentzündungen geführt hatten. Der Grund: Alle Lymphdrüsen waren aufgrund der Streßbelastung dramatisch geschrumpft, und das Immunsystem war in seiner Funktion stark beeinträchtigt.
Lassen Sie sich also warnen: Ähnliches kann Ihnen unter Streß-Einwirkung widerfahren. Wenn Sie nicht lernen, mit Ihrem Streß richtig umzugehen, können Sie sich damit ins Krankenhaus oder sogar vorzeitig unter die Erde bringen. Daß hier ein Zusammenhang besteht, ist schon unzählige Male aufgezeigt worden. So mußte man zum Beispiel in Athen nach einem Erdbeben ein rapides Ansteigen von Todesfällen infolge Herzinfarkt oder anderer Krankheiten verzeichnen. Und bei jeder Hitze- oder Kälteperiode erhöht sich – insbesondere bei älteren Menschen – die Todesrate dramatisch.
Um ein Beispiel aus meiner eigenen Praxis anzuführen: Vor kurzem verstarb eine zweiundachtzigjährige Krebspatientin, wenige Monate nach dem Tod ihres Mannes. Sie hatte den Krebs jahrzehntelang erfolgreich in Schach gehalten, doch in den letzten Monaten breitete er sich wie ein Lauffeuer im ganzen Körper aus. Der wahre Grund für ihren Tod war der Streß, dem sie durch den Tod ihres Mannes ausgesetzt war. Wäre er noch am Leben, befände sich ihr Krebs sicherlich noch in seiner Verkapselung.

Kontrolle

Der Schlüssel zum Überleben wie auch für ein erfülltes Leben mit Streß heißt *Kontrolle.*

In einer äußerst aufschlußreichen Studie wurden kürzlich zwei Testgruppen von Arbeitern mit Konzentrationsaufgaben betraut. Beide Gruppen waren währenddessen einem Geräuschpegel mit hohem Ablenkungsgrad – Maschinenlärm, Autohupen und babylonisches Sprachgewirr – ausgesetzt. Die eine Gruppe hatte einen Knopf auf dem Schreibtisch, mit dem sie den Krach jederzeit abstellen konnte, wenn sie es für nötig hielt. Die andere Gruppe verfügte dagegen über keinen solchen ›Aus-Knopf‹.

Die Produktivität der Testpersonen mit Kontrollschalter war erwartungsgemäß wesentlich höher als die der anderen Gruppe. Der wirklich interessante Punkt ist der, daß *keiner den Knopf drückte.* Allein das Bewußtsein, daß der Knopf existierte, war offensichtlich schon beruhigend genug.

Wir lernen daraus, daß es überaus wichtig ist, sich ein paar ›Kontrollknöpfe‹ ins Leben einzubauen. Denn sie ermöglichen es, in befriedigender Eintracht mit allen Streßmomenten zu leben. Wenn Sie ihn nicht unter Kontrolle haben, werden Sie sonst an Ihrem Streß ersticken.

Täglich werden wir mit Katastrophenmeldungen und Frustrationen, die außerhalb unserer Kontrolle liegen, bombardiert. Auf diese Art und Weise machen die Massenmedien ein hübsches Geschäft mit der typisch menschlichen Sensationsgier. Man denke nur an all die Gaffer und Schaulustigen bei einem Autounfall.

Jedoch sollten Sie, um Ihren persönlichen Streßpegel möglichst niedrig zu halten, all die Berichte über spektakuläre Gewalt zu meiden suchen. Widmen Sie Ihre Zeit stattdessen produktiveren Geschichten.

Eine sinnvolle Art, mit Streß umzugehen, ist die Hansonsche Methode: Lernen Sie all das zu ignorieren, was Sie nicht kontrollieren können, und lernen Sie Kontrolle auszuüben, wo dies eben möglich ist. Sie werden erstaunt sein, daß die meisten Ereignisse in Ihrem Leben in der Regel wirklich innerhalb Ihres Kontrollbereichs liegen.
Als Vorbereitung für Ihre Streß-Verteidigungsstrategien müssen wir zunächst einen Blick auf die allgemeine Physiologie des Menschen werfen.

> Scheuen Sie sich nicht, die Kontrollknöpfe in Ihrem Leben zu betätigen. So könnten Sie beispielsweise den Fernsehapparat bei Sie beunruhigenden Sendungen einfach ausmachen.

Kapitel 2

Die Anatomie des Streß

Der Körper als Kriegsschiff

Stellen Sie sich Ihren Körper als ein herrliches – aber veraltetes – Kriegsschiff vor. Eine ganze Reihe Waffen, ebenso machtvoll wie wirksam, stehen ihm für den Kampf gegen den ›Feind‹ Streß zur Verfügung. Bei der weiteren Lektüre werden Sie aus dem Staunen nicht herauskommen, welch beeindruckendes Reaktionsvermögen, welch übermenschliche ›Kampf-‹ oder ›Flucht‹-Kräfte Sie zu mobilisieren imstande sind. So hat zum Beispiel eine 50 kg leichte Frau einen umgekippten Traktor so weit angehoben, daß sich ihr Sohn, der unter der Maschine eingeklemmt war, befreien konnte. Dies gelang ihr allerdings nur durch den akuten Streß in dieser besonderen Situation. Das Problem besteht nun darin, daß viele der wunderbaren Waffen unseres Kriegsschiffs leider für den falschen Kampf konzipiert sind. Denn der Feind hat sich stark verändert. Unsere Reaktionen auf Streß-Einwirkungen sind aber immer noch auf eine primitivere Lebensweise programmiert, die von den ›Segnungen‹ der Zivilisation nichts weiß. Die Streßmomente, mit denen wir es heute zu tun haben, sind keine simplen Bedrohungen auf Leben und

Tod mehr. Sie stellen uns vor wesentlich raffiniertere und komplexere Herausforderungen. Streßfaktoren, wie übervolle Kaufhäuser, Verkehr, Umweltverschmutzung und Behördenbürokratie, sind sicherlich erst in diesem Jahrhundert erfunden worden.
Wenn Sie Ihre Fähigkeiten, Streß zu bekämpfen, über ihn zu triumphieren und sogar unter Streß aufzublühen, entwickeln wollen, dann brauchen Sie genaueste Kenntnisse darüber, wie Ihr Körper in diesem modernen Umfeld funktioniert. Denn unbewußte Reflexe müssen heutzutage durch *überlegte Verteidigungsstrategien* ersetzt werden.

Streß-Reaktionen sind sowohl körperlicher wie seelischer Natur

Neben den offensichtlich körperlichen Streß-Reaktionen, wie Schwitzen und Herzjagen, gibt es auch einige wichtige seelische Reaktionen auf Streß-Einwirkung. Im Zweiten Weltkrieg war es nicht unüblich, daß Soldaten unbewußt Krankheiten ›erfanden‹, um vom aktiven Dienst befreit zu werden. Es war schon auffällig, wie oft Piloten Probleme mit ihren Augen bekamen, wodurch es ihnen natürlich unmöglich wurde, Einsätze über feindlichem Territorium zu fliegen. Fallschirmspringer legten sich psychosomatische Schmerzen in Füßen und Knöcheln zu, was zu Sprunguntauglichkeit führte.
Auf ganz ähnliche Art und Weise können uns unsere körperlichen Streßreaktionen bei richtigen ›altmodischen‹ Gefahrensituationen unter die Arme greifen. Mitunter erweisen sie sich sogar regelrecht als Lebensretter, was ein jeder bestätigen kann, der bei der Flucht vor einem rasen-

den Hund plötzlich olympische Geschwindigkeiten an den Tag legte.

Der menschliche Körper ist gut gegen solchen elementaren Streß gerüstet. Dagegen steht er den kleinen, heimtückischen Streßsituationen, zum Beispiel dem entnervenden Sirren einer Mücke in der Nacht, der Suche nach dem Autoschlüssel, dem ewig tropfenden Wasserhahn oder dem Kindergeplärr, oft hilflos gegenüber. Es scheint fast so, als ob der menschliche Körper überhaupt keinen Sinn für Humor habe.

Doch wie sehen die spezifischen Körperreaktionen auf Streß aus? Und wie kommt es, daß das, was *ursprünglich zum Nutzen* ersonnen, sich *heute als Nachteil* erweist, wenn es den unbewußten Reflexen überlassen bleibt?

Körperliche Streßsituationen

1. Cortisonausschüttung aus der Nebennierenrinde

Ursprünglicher Nutzen

Schutz vor allergischen Reaktionen (wie Asthma oder zuschwellende Augen), wenn bei einem feindlichen Angriff viel Staub aufgewirbelt wurde.

Heutige Nachteile

Eine chronische Erhöhung des Cortisonspiegels zerstört die natürliche Körperabwehr gegen Krebs, Infektionen, Krankheiten und bei chirurgischen Eingriffen. Alle Lymphdrüsen im Körper verschrumpeln – das Immunsystem wird geschwächt. Schon kleinere Erkältungen (wie auch schwere Krankheiten) können nicht mehr ausreichend abgewehrt werden.

Um ein gängiges Beispiel anzuführen: Nach Erreichen des Kindergarten- oder Schulalters werden Kinder oft von einem Infekt nach dem anderen heimgesucht. Zum Teil werden sie durch andere Kinder angesteckt, aber hauptsächlich ist dieses Phänomen auf eine Abwehrschwäche zurückzuführen, die durch den ungewohnten Streß entsteht, wenn die Kleinen die schützende Atmosphäre des Elternhauses gegen die Machtkämpfe unter ihren Altersgenossen eintauschen. Aber auch Erwachsene, die sich an eine neue Umgebung gewöhnen müssen, leiden häufig unter einer Schwächung des Immunsystems: Lehrer stekken sich in ihren ersten fünf Berufsjahren mit schöner Regelmäßigkeit bei ihren Schülern an. Kinderärzte erwischt es sogar noch schlimmer: Sie verbringen einen Großteil ihrer Facharztausbildung auf der Toilette – mit Durchfall.

Ein chronisch erhöhter Cortisonspiegel macht den Magen aber auch gegen seine eigenen Säuren empfindlich, was zu Magen- und Zwölffingerdarmgeschwüren führen kann. Ein wenig ›südlicher‹ kommt es zu Darmentzündungen. Damit nicht genug: Ständige Cortisonzufuhr macht die Knochen spröde, wodurch sie schon bei nichtigen Anlässen in die Brüche gehen können. Ebenso ist es aber auch durchaus möglich, daß sich der Blutdruck durch Natriumrückstände erhöht, was schlimmstenfalls zu Herzinfarkt führen kann. (Also hat die unkontrollierte Aufnahme von salzhaltigen Schnellgerichten als geläufigste Reaktion auf Streß in solchen Fällen noch verheerendere Auswirkungen als im allgemeinen). Auch ist die Adrenalinausschüttung stark erhöht, was – wie wir sehen werden – eine ganze Reihe körperlicher Reaktionen zur Folge hat.

Die Illustration soll einige der körperspezifischen Streßreaktionen veranschaulichen

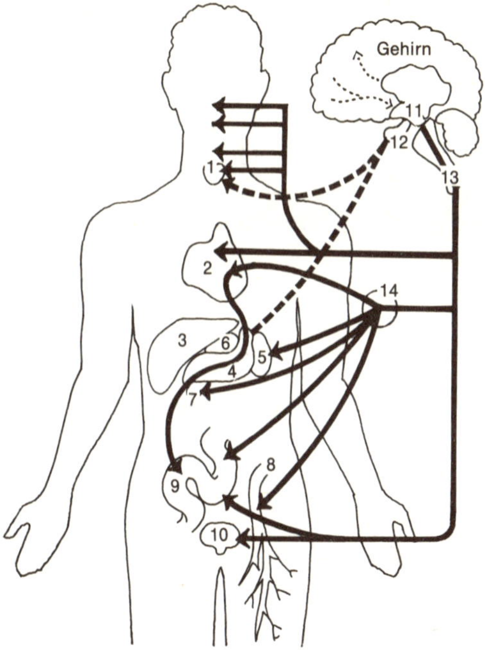

1. Schilddrüse	6. Nebennieren	11. Hypothalamus
2. Herz	7. Pankreas	12. Hypophyse
3. Leber	8. Blutgefäße	13. Rückenmark
4. Magen	9. Darmtrakt	14. Ganglion
5. Milz	10. Blase	

Hirnrindenaktivität·······> Hormonelle Aktivität------->

Streßfaktor———>

2. Schilddrüsenhormone kursieren vermehrt im Blut

Ursprünglicher Nutzen
Schilddrüsenhormone beschleunigen den Stoffwechsel, wodurch der Körper seine Brennstoffe schneller verwertet. Dadurch wird wie mit einem Turbolader zusätzliche Energie freigesetzt.
Heutige Nachteile
Hitzeunverträglichkeit, Hypernervosität, dramatischer Gewichtsverlust (bei gleichbleibender Nahrungszufuhr), Schlaflosigkeit und schließlich elementare Erschöpfung. Daß viele fettleibige Menschen auf Streß mit Gewichtszunahme reagieren, liegt wohl hauptsächlich daran, daß sie den ›Bemühungen‹ der Schilddrüsenhormone durch mehr Kalorien entgegenarbeiten.

3. Endorphinausschüttung aus dem Hypothalamus

Ursprünglicher Nutzen
Das Hormon Endorphin hat im Körper dieselbe Wirkung wie Morphium und gilt daher als natürliches Opiat und Schmerzkiller. Daher spürt der Soldat unter starkem Streß die Schmerzen nicht, die seine Wunde verursacht. Der Boxer bemerkt Beulen und Knochenbrüche erst nach dem Kampf. Die Wehen empfindet die werdende Mutter weniger schmerzhaft. Und der Marathonläufer kann sich zu einem weiteren Sprint aufrappeln, wenn der Schmerz plötzlich nachläßt. Bei all diesen Situationen veranlaßt der Körper in seiner unergründlichen Weisheit, daß der Endorphinspiegel angehoben wird.
Heutige Nachteile
Unablässige, chronische Streßbelastung kann zur Erschöpfung der Endorphin-›Vorräte‹ führen. Das kann unter anderem zur Verschlimmerung von Migräne-, Rücken- und

Arthritisschmerzen führen (wobei die Krankheit selbst aber auf einem konstanten Level bleibt.)
Experimente haben gezeigt, daß Akupunktur und T.E.N.S. (*T*ranscutane *e*lektronische *N*erven-*S*timulation) den Endorphinspiegel soweit anheben können, daß die Schmerzen bei den oben erwähnten Beschwerden in vielen Fällen nachlassen. Zahnärzte können sich bei Behandlungen, die normalerweise eine Betäubungsspritze erfordern, diese Wirkung zunutze machen. Tierärzte vertrauen schon lange auf die Akupunktur, um verletzte Rennpferde wieder auf Trab zu bringen, was den Vorteil hat, daß die Tiere nicht durch die Doping-Kontrolle fallen. Aus demselben Grund lassen verletzte Olympioniken mit Akupunktur und T.E.N.S. ihre körpereigenen Schmerzkiller ankurbeln. In China wie auch in vielen westlichen Ländern wird diese Methode sogar als Narkose bei schweren Operationen eingesetzt.

4. Drosselung der Sexualhormone Testosteron und Progesteron (Als zusätzliche Schutzreaktion ziehen sich beim Mann die Hoden zusammen.)

Ursprünglicher Nutzen
Ganz einfach verminderte Fruchtbarkeit. In Dürreperioden, bei Überbevölkerung wie auch bei vermindertem Nahrungsangebot war dies eine überaus vernünftige Reaktion des Körpers, weil es dadurch weniger Mäuler zu stopfen gab. Und wenn die Jäger und Soldaten früherer Epochen längere Zeit von ihren Sexualpartnerinnen getrennt waren, dann sorgte eine verminderte Libido dafür, daß sie sich ohne große Ablenkung auf die anstehenden Aufgaben konzentrieren konnten.

Heutige Nachteile
Streß führt, meist gänzlich unbemerkt von beiden Part-

nern, zu Libidoverlust, was natürlich Frustrationen und Ängste auslöst, wenn erfolglose Beischlafversuche unternommen werden. Zu den häufigsten Problemen zählen vorzeitige Ejakulation beim Mann und das Nichterreichen des Höhepunkts bei der Frau. Da sich die Paare oft nicht bewußt sind, daß ihr sexueller Dornröschenschlaf auf Streß zurückzuführen ist, kommt es leider sehr häufig dazu, daß sich ihre Ängste in unangemessener Art und Weise Luft machen.

Oft wird dann aneinander herumgenörgelt oder zwanghaftes Verhalten an den Tag gelegt. Panische Angst vor Krankheiten, wie Krebs oder Herzinfarkt, schleicht sich ein. Und schließlich suchen viele derart Gestreßte ihr Heil in einem neuen Partner.

Schon vor mehreren Generationen rieten Ärzte unfruchtbaren Paaren zu einer Kreuzfahrt oder einer ausgedehnten Urlaubsreise. Und das nicht nur nach dem Motto ›Gelegenheit macht Liebe‹, sondern weil im Urlaub durch vermehrte Testosteron- und Progesteron-Ausschüttung tatsächlich mehr Spermien produziert und Follikelsprünge verzeichnet werden. Diese Wirkung hat sich die Reiseindustrie längst als zugkräftige PR-Maßnahme zu eigen gemacht. Man beachte nur den unterschwellig sexuellen Tenor, mit dem für Ferien in sonnigen Gefilden geworben wird. Dort sollen sich die Urlauber ›sexy‹ fühlen und ihre Hemmungen und den Alltagsstreß abstreifen.

5. Die Abriegelung des gesamten Verdauungstrakts

Ursprünglicher Nutzen

Dadurch konnte den Muskeln und dem ›Maschinenraum‹ Herz und Lunge mehr Blut zugeführt werden. Eine derartige ›Selbsttransfusion‹ ermöglichte ähnlich übermenschli-

che Kraftakte, wie wir sie noch heute bei sportlichen Wettkämpfen bewundern können, oder wie das Beispiel der zarten Frau, die den Traktor von ihrem Sohn hob, beweist.
Bei Abriegelung des Verdauungstrakts wird der Mund ganz trocken. Auch nicht die kleinste Flüssigkeitsmenge soll an den Magen abgegeben werden, denn sie könnte schließlich an anderem Ort dringender gebraucht werden. Magen und Darm legen praktisch vorübergehend ihre Arbeit nieder, wobei Mastdarm (und Blase) sich oft noch schnell entleeren, um überflüssige Lasten vor der ›Schlacht‹ über Bord zu werfen.

Heutige Nachteile

Ein Redner, der unter starkem Streß steht, schafft es ohne den Griff zum Wasserglas nicht, genügend Spucke zu sammeln, um die Zunge vom Gaumen zu lösen. Unter Streß tritt dieses Phänomen des ausgetrockneten Mundes mit solcher Regelmäßigkeit auf, daß es in China sogar als Lügendetektor eingesetzt wurde. Dort mußten verdächtige Subjekte beim Polizeiverhör einen großen Löffel Reis zu sich nehmen, bevor sie auf die Frage antworteten. Nur die unschuldigen Personen konnten den Reis vor ihrer Erwiderung schlucken, die Aussage des wahren Übeltäters klang hingegen ziemlich undeutlich.
Wer in Hektik und Streß schnell etwas hinunterschlingt, tut sich damit wahrlich keinen Gefallen. Denn wenn einem inaktiven Magen in Windeseile ein paar Hamburger aufgezwungen werden, kann das zu Völlegefühl, Übelkeit, Magenkrämpfen und sogar Durchfall führen. Schwimmer sind vor dieser Reaktion des Magens immer auf der Hut. Daher werden sie auch niemals kurz vor dem Wettkampfstreß ein volles Menü essen.
Der Ballastabwurf von Mastdarm und Blase ist heute

natürlich eine äußerst unangenehme Sache. Denn welcher Klassensprecher ist schon erbaut über die Rückkehr seines Mastdarms zu urzeitlichen Verhaltensweisen, wenn er just die Abschiedsworte an die ganze Schule richtet?

6. Vermehrte Zuckerausschüttung im Blut und damit einhergehender Insulinanstieg zur Umsetzung des Zuckers

Ursprünglicher Nutzen
Energievorrat und Brennstoff für Kurzstrecken-Sprints.
Heutige Nachteile
Durch die übermäßige Insulinausschüttung wird die Bauchspeicheldrüse überfordert, wodurch es zur Verschlimmerung (und sogar zum Erstausbruch) von Diabetes kommen kann. Das typische Streßverhalten, wahllos Süßigkeiten in sich hineinzustopfen, wirkt sich daher nicht nur ›formgebend‹ auf Hüfte und Po aus, sondern ist ausgesprochen schädlich, denn der Zuckerspiegel im Blut ist ohnehin durch die physiologische Reaktion auf den Streß wesentlich erhöht. Hypoglykämie – als Diagnose inzwischen überstrapaziert – tritt als Krankheit jedoch immer häufiger auf. Dieses Absinken des Blutzuckerspiegels unter den normalen Wert kann einen Drang nach noch mehr Zucker auslösen, was der Bauchspeicheldrüse wirklich nicht gerade das Leben leichtmacht, von Ihren Zähnen ganz zu schweigen (s. Kapitel 5).
Konsultieren Sie auf jeden Fall Ihren Arzt, wenn Sie die ersten Symptome einer Hypoglykämie bei sich verspüren.

7. Cholesterinanstieg im Blut, vor allem aus der Leber

Ursprünglicher Nutzen
Versieht den Körper mit ›Langstreckenbrennstoff‹, nachdem der Magen abgeriegelt ist. Energiezufuhr für die Muskeln, wenn die Grenzen des Blutzuckers erreicht sind.

Heutige Nachteile
Bei chronisch erhöhtem Cholesterinspiegel können sich Cholesterinablagerungen an den Gefäßwänden auch der Herzkranzarterien bilden. Dies kann zur Verhärtung der Arterien (Arteriosklerose) und schlimmstenfalls zu Herzinfarkt führen. Die diätetische Cholesterinkontrolle ist allein ein großes Thema, das in Kapitel 5 detailliert erörtert werden wird. Doch ein Wort zur Vorsicht: Wenn der Arzt, der Ihnen beim Cholesterintest das Blut abzapfen soll, ein überarbeiteter, übermüdeter Grünschnabel ist, der Ihnen die Injektionsnadel beim ersten Anlauf in den Bauchnabel statt in die Armvene rammt, dann kann die Angst und Nervosität, die solche Art von Inkompetenz in Ihnen auslöst, Ihren Cholesterinspiegel innerhalb weniger Sekunden um 40 Prozent hochjagen. (Ich kenne mich da aus, denn ein solcher Grünschnabel war ich!) Ein künstlich erhöhtes Ergebnis kann aber auch unter äußerlich normalen Umständen erlangt werden, so etwa, wenn Sie bei dem vorher notwendigen 14-stündigen Fasten geschummelt haben (zum Beispiel die Tasse Milchkaffee vor dem Arztbesuch). Das Resultat könnte aber auch ebenso durch eine einwöchige ›Fettlebe‹ verfälscht werden.
Trotz dieser gelegentlichen Verfälschungen ist der Blut-Cholesterin-Test äußerst nützlich. Er sollte daher integraler Bestandteil des regelmäßigen Check-ups durch Ihren Hausarzt sein. Bei Risikopatienten sollte er mindestens einmal im Jahr stattfinden. Dazu zählen zum Beispiel Frauen, die die ›Pille‹ nehmen, oder Personen, in deren Familien Herzkrankheiten vermehrt auftraten (sogar deren Kinder sollten ab dem neunten Lebensjahr diese Untersuchung in Anspruch nehmen). Last not least sind all diejenigen als Risikofall einzustufen, die unter exzessiver Streßbelastung stehen. (Wenn Sie sich über Ihren Streß-Level

nicht im klaren sind, schlagen Sie in den Kapiteln 3 und 4 nach.)

In Streßzeiten können Sie einen überhöhten Cholesterinspiegel am allerwenigsten gebrauchen. Bedenken Sie, daß vor allem dann die Ernährung stimmen muß. Heute nimmt der Durchschnittsbürger etwa 45 Prozent aller Kalorien in Form von Fett zu sich. Dies ist fast *ein Drittel mehr* als der Körper verlangt. (Doch sollten Sie auch wissen, daß nicht einmal die strenge Amerikanische Herzgesellschaft die totale Verbannung jeglichen Fettes aus dem Diät-Plan empfiehlt, wie dies einige Ernährungs-Freaks propagieren (s. Kapitel 5).

Wenn Sie nur gelegentlich bei Ihrem Imbiß-Stand um die Ecke ›speisen‹, so ist das kein Beinbruch. Sobald Sie jedoch jeden Tag drei Mahlzeiten auf diese Art und Weise bestreiten, riskieren Sie Mangelernährung, Fettleibigkeit und andere Probleme.

8. Herzrasen

Ursprünglicher Nutzen

Wildes Herzklopfen versorgt Muskeln und Lungen mit mehr Blut, so daß mehr ›Treibstoff‹ bzw. Sauerstoff zum Schauplatz des Geschehens (oder von ihm weg) transportiert wird.

Heutige Nachteile

Bluthochdruck. Wird er nicht im Auge behalten, kann er einen Schlaganfall oder das Platzen eines Aneurysma* auslösen.

Bluthochdruck kann bei jedem Menschen über fünfzehn Jahre zum Herzinfarkt führen. Wenn Ihre Koronararterien

* Anm. d. Übers.: Ein blutgefülltes Säckchen, das mit der Arterie in Verbindung steht. Wenn ein großes Aneurysma platzt, kann dies zum Tod durch Verbluten führen.

ohnehin schon mit Cholesterinablagerungen belastet sind, dann kann es sein, daß Ihr Herz schon bei Routinearbeiten ins Stolpern gerät. Es braucht dann häufig nur noch einen kleinen Schubs, etwa durch übermäßigen Streß (ein Wortgefecht, zu große körperliche Belastung oder zu starke Hitze), und schon streikt die Pumpe.

Wie der plötzliche Tod von Jim Fixx, einem der glühendsten Anhänger des Jogging, lehrt: Auch augenscheinliche Fitness ist keine Garantie für Immunität*. Wenn Sie einer zu großen Streßbelastung ausgesetzt sind, einen ungesunden Lebensstil haben oder erblich vorbelastet sein könnten, dann suchen Sie unter allen Umständen regelmäßig wegen eines Total-TÜVs Ihren Arzt auf. Zwar schließen auch die modernen Diagnosemethoden, wie Streß-EKGs, Echo-Kardiogramme oder Koronar-Angiogramme Fehler nicht total aus. Dennoch hätten frühzeitige Tests vielen Herzinfarktopfern unschätzbare Dienste leisten können.

Koronar-Bypass-Operationen sind heutzutage nicht riskanter als simple Gallenblasen-Entfernungen, und sie haben schon bei Tausenden von Patienten die Katastrophe vermieden.

Viele Menschen wiegen sich in der trügerischen Sicherheit, daß ihr erster Herzinfarkt nur ein ganz kleiner sein wird, und daß die wunderbare Welt der Medizin hinterher alles geradebiegt. Doch lassen Sie sich warnen: Das erste Anzeichen, daß mit Ihrem Herzen etwas nicht stimmt, könnte leicht Ihr letzter Atemzug sein.

Schließlich darf es nicht unerwähnt bleiben, daß der Arztbesuch gar nichts fruchtet, solange Sie nicht bereit sind,

* Aber auch Jim Fixx persönliche und familiäre Anamnese weist eindeutige Warnzeichen auf, die in einer medizinischen Untersuchung sicher zutage getreten wären. Die Tatsache, daß er offensichtlich längst überfällig für ein Check-up war, soll uns als warnendes Beispiel dienen.

den Rat Ihres Mediziners zu befolgen. Sie brauchen dazu genug Flexibilität um Ihre Fehlentscheidungen (Rauchen, Übergewicht, falscher Arbeitsplatz) zu revidieren (s. Kapitel 3).

9. Erhöhte Luftzufuhr

Nasenlöcher, Luftröhre sowie die Luftwege in der Lunge weiten sich, die Atmung wird tiefer und schneller.
Ursprünglicher Nutzen
Bereitstellen zusätzlicher Sauerstoffreserven, um das verstärkt durch die Lungen strömende Blut anzureichern.
Heutige Nachteile
Die Auswirkungen sind katastrophal, wenn Sie rauchen oder mit einem Raucher leben. Selbst wenn Ihr Zigarettenkonsum unter Streß-Einwirkung *nicht* steigt (was bei den meisten Rauchern der Fall ist), richtet jeder Glimmstengel bei Streß schlimme Verwüstungen an. Wieviel verheerender die Folgen sind, wenn Sie bei Streßbelastung noch mehr als sonst rauchen, braucht wohl nicht erst erwähnt zu werden.

10. Das Blut wird dicker

Dies wird durch die erhöhte Produktion von roten und weißen Blutkörperchen im Rückenmark hervorgerufen. Zudem ist dieser Effekt aber auch der Milz zuzuschreiben, die die in ihr eingelagerte zähe Blutmasse mit Gerinnungsfaktoren in den Blutstrom hinauspreßt.
Ursprünglicher Nutzen
Mehr Sauerstoff kann transportiert und Infektionen können leichter bekämpft werden. Wunden hören schneller auf zu bluten.

Heutige Nachteile

Die größere Zähigkeit des Blutes unter Streß-Einwirkung leistet Schlaganfällen, Herzinfarkten oder Embolien Vorschub. (Ein Grund mehr, meine ständige Empfehlung, mindestens acht Gläser Wasser am Tag zu trinken, zu beherzigen – allerdings nur, wenn Sie kein Epileptiker sind, denn Wasser verdünnt das Blut). Blutverdünnende Medikamente gibt es zuhauf, wobei sich Aspirin in verschiedenen Stadien als hervorragender ›Verflüssiger‹ erwiesen hat (ein Aspirin pro Tag). Konsultieren Sie jedoch Ihren Arzt, um herauszufinden, welche Therapie für Ihre speziellen körperlichen Bedürfnisse erforderlich ist. Als Faustregel möchte ich Ihnen raten, Pillen als Streßbekämpfer wegen möglicher unbekannter Nebenwirkungen zu meiden.

11. Die Haut kribbelt, schwitzt und wird blaß

Ursprünglicher Nutzen

Alle Haare dieses größten Organs stehen zu Berge – ein rudimentäres Erbe unserer pelzigen Vorfahren, dessen Sinn damals vor allem darin bestand, daß es den Körper größer erscheinen ließ. Außerdem schärfen die gesträubten Haare den Tastsinn und fungieren somit, wie die Barthaare einer Katze, als eine Art ›Radarsystem‹, das Aufschluß über die nächste Umgebung bietet.

Der Grund für die Blässe der Haut liegt im Abzug des Blutes an den ›Kampfschauplatz‹ (Muskeln, Herz und Lunge). Eine weitere nützliche Nebenwirkung: Ein möglicher Blutverlust wird von vornherein so niedrig wie möglich gehalten.

Der Schweiß (auch eine Streß-Erscheinung) soll den überhitzten Muskeln Kühlung verschaffen.

Heutige Nachteile
Wenn man den Fernsehreklamen glauben schenkt, gerät man mit schweißnassen Händen, käsigem Gesicht und verschwitzten Achseln sofort ins soziale Abseits. Zudem setzt der Schweiß die Widerstandskraft gegen Elektrizität herab, was leicht feststellbar sein dürfte. Daher wird ein Gauner – vorausgesetzt, Lügen bereitet ihm Streß – aufgrund der verräterischen Schweißentwicklung nie einen Lügendetektortest bestehen.

12. Alle fünf Sinne werden geschärft

Ursprünglicher Nutzen
Dadurch erreicht der Körper den Höhepunkt seiner Funktionstüchtigkeit. Aus eben diesem Grunde fühlen sich Menschen, die in Hobby oder Beruf die Gefahr suchen, am allerbesten, wenn sie starkem Streß ausgesetzt sind.
Ebenso verbessern sich aber auch die geistigen Leistungen. So ist es plötzlich möglich, ungeahnte Konzentrationsfähigkeiten zu entwickeln, was jeder Student, dessen Referattermin immer näher rückt, nur bestätigen wird.
Augen: Die Pupillen erweitern sich, um eine bessere Nachtsicht sowie ein größeres Blickfeld im Kampf zu ermöglichen.
Ohren: Das Gehör wird schärfer.
Tastsinn: Gesteigerte Hautsensibilität durch das Aufrichten der Haare.
Geschmack, Geruchssinn: Geschärft.
Heutige Nachteile
Der größte Nachteil ist die hohe Fehlerquote nach übermäßiger Streßbelastung. Es scheint, als ob die Sinne nach unablässigem Streß stumpf und uneffektiv werden. Dem Streß-Erschöpften entgehen viele Details seiner Umgebung, Geruchs- und Geschmackssinn lassen nach, und er klinkt sich einfach aus einer Unterhaltung aus.

Jahrzehntelang haben Komiker ihr Kapital aus diesem besonders verwundbaren Zustand geschlagen. Denn meist ist es der unbeteiligte Geistesabwesende, der sich nicht schnell genug duckt und daher die Torte ins Gesicht bekommt.

Es ist aber oft geradezu lebenswichtig, sich die erhöhte Fehlerquote nach Streßbelastung bewußt zu machen. So ist es zum Beispiel äußerst gefährlich, nach einem hitzigen Wortgefecht mit dem Partner ins Auto zu springen und sich auf der Straße abzureagieren. Ebenso riskant ist es, Mutter und Neugeborenes selbst nach dem Wochenbett nach Hause zu fahren, obwohl der Streßfaktor Baby hier sicher ein glückliches Ereignis ist. Wenn Sie sich einer starken Streßbelastung ausgesetzt sehen, sollten Sie jegliche möglicherweise riskante Unternehmung, zum Beispiel Bergsteigen oder die Arbeit an einer Stanzmaschine, vermeiden. Der Streß kann sich aber auch ausschließlich auf die Augenfunktion auswirken. Ich persönlich kenne Fälle, bei denen eine Streßbelastung zu plötzlicher Blindheit infolge Netzhautablösung geführt hat.

Aber die Streßreaktion der Sinne zieht noch eine weitere negative Folge nach sich: Bestimmte Augenleiden, wie das Glaukom (grüner Star), werden durch die Erweiterung der Pupillen erheblich verschärft. Denn vor allem an den Augen sieht man Ihnen Ihren Streß an. Nicht umsonst nennt der Dichter sie den Spiegel der Seele oder das Fenster zur Wahrheit. Aus diesem Grunde tragen die Film-Bösewichter auch häufig dunkle Sonnenbrillen und werden Leute, die ihren Blick in einem Gespräch unstet schweifen lassen, häufig als unzuverlässig charakterisiert.

Aber nicht nur Negatives schlägt sich dort nieder, auch die durch positiven Streß ausgelösten Gefühle spiegelt das Auge wider.

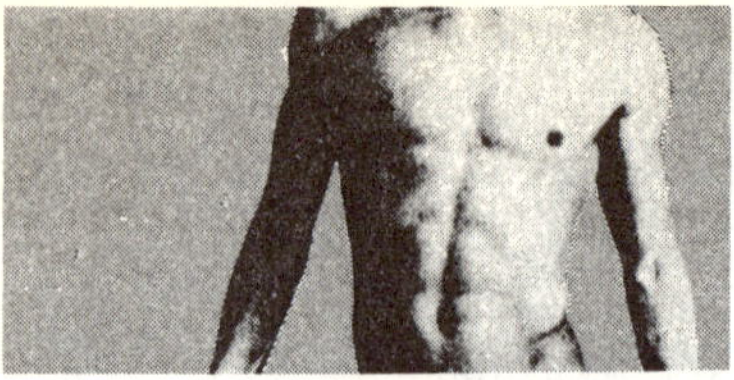

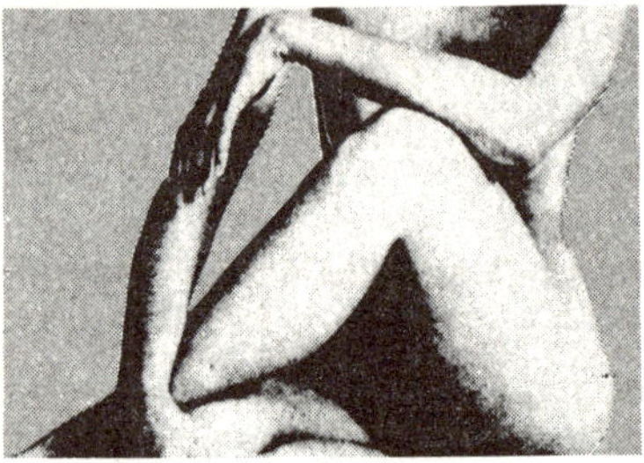

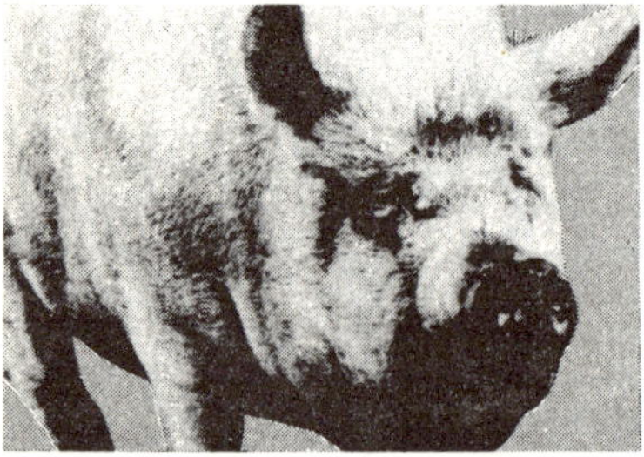

Die Größe der Pupillen ist einfach zu messen und ein guter Indikator dafür, wie der einzelne auf Streß reagiert. Gleiche (diesmal angenehme) Streßreize lösen etwa bei Männern und Frauen jeweils verschiedene Reaktionen aus. Das erste Bild führt üblicherweise zu einer Pupillenerweiterung bei Frauen.
Bei diesem zweiten Bild werden sich eher die Pupillen der Männer erweitern.
Das dritte Bild dient zur Kontrolle. Falls sich hier Ihre Pupillen erweitern, sollten Sie zum Arzt gehen!

Streß: Kulturelle und persönliche Faktoren

Haben wir bisher über allgemeingültige Streßreaktionen berichtet, so darf aber nicht außer Acht gelassen werden, daß das Ausmaß der Reaktion auch stark vom persönlichen und kulturellen Hintergrund sowie vom Geschlecht beeinflußt wird. Warum führen beengte Familienverhältnisse in den USA beispielsweise zu einer erhöhten Jugendkriminalitätsrate? Und warum bleiben Hongkong und Tokio, wo ja wohl ein wesentlich schlimmeres Gedränge herrscht, davon verschont? (Hängt dies am Ende damit zusammen, daß dort fast jeder Karate oder Judo kann?)

An dem Tag, an dem der Erste Weltkrieg ausbrach, stürmte eine hysterische Menge die Pariser Börse. Hunderte von aufgebrachten Aktionären versuchten in letzter Minute, ihr Geld aus dem Markt zu ziehen. An demselben Tag vor der Londoner Stock-Exchange: Ruhe. Die Engländer warteten ohne sichtliche Aufregung zeitunglesenderweise in einer Schlange auf Einlaß. Natürlich soll das nicht heißen, daß die eine Reaktion besser ist als die andere. Ich möchte damit nur andeuten, was unterschiedliche Kultur und Erziehung bewirken können.

Kindererziehung und Streß-Vorbereitung

Wie das Individuum mit Streßsituationen fertig wird, wird schon in frühester Kindheit programmiert. So haben alle Erwachsenen meines Patientenkreises, die mit Streß nicht richtig umgehen können, eines gemeinsam: Als sie in den entscheidenden Entwicklungsjahren waren, haben ihre Eltern den Fehler begangen, sie vor allen möglichen Streßsituationen zu beschützen. Solch ein behütetes Kind, das im Restaurant noch nicht einmal selber seine Bestellung aufzugeben braucht, wird sich als Erwachsener unweigerlich schwertun, wenn es darum geht, Ansichten und Wünsche in einer Unterhaltung zu äußern. (Zu meinen absoluten Lieblingsbeschäftigungen gehört der Versuch, einem schüchternen Teenager die Würmer aus der Nase zu ziehen, während Mutti oder Vati alle Fragen für ihn beantworten. Dieser Heranwachsende wird auch noch als vierzigjähriger Weckrufe bestellen – es könnte ja sein, daß sein Wecker streikt!) Aus diesem Grunde haben auch so viele ›Tellerwäscher-Millionäre‹ Schwierigkeiten mit ihren Kindern: Die Eltern, die Armut häufig am eigenen Leibe erfahren haben, nehmen an, daß dieser Streß schädlich für sie war. Die Einstellung ›das möchte ich meinem Kind ersparen‹ ist jedoch grundfalsch, nimmt sie doch dem Kind die Chance, den Wert harter Arbeit selbst kennenzulernen. Außerdem unterminiert sie die Entwicklung von Selbstachtung und Selbstvertrauen. Ein derart von wohlmeinenden Eltern verwöhntes bzw. verdorbenes Kind wird sicherlich in späteren Jahren im streßreichen Konkurrenzkampf sang- und klanglos untergehen. Denn, wie ich schon eingangs betonte, Streß ist kein Feind; bei richtigem Umgang kann er Ihr wichtigster Verbündeter werden.

Man kann Kinder nämlich auch zu richtigem Umgang mit Streß erziehen und ihnen somit ein gutes Reaktionsvermögen auf Streß-Situationen mit auf den Lebensweg geben. Dies sind Kinder, denen ›Führungsqualitäten‹ und ›Selbstvertrauen‹ bescheinigt werden, die sie als Erwachsene aus der Masse herausheben.

Natürlich ist der Streß, dem ein Mensch wie Prinz Charles, der Zeit seines Lebens im Rampenlicht steht, ausgesetzt ist, wesentlich stärker als bei Otto Normalbürger. Charles' Widerstandskraft gegen diesen überwältigenden Druck ist in direktem Zusammenhang mit seiner Erziehung zu sehen. Ihm wurde von frühester Jugend an eingebleut, wie man sich als Mitglied des Königshauses im Kreuzfeuer der öffentlichen Meinung zu verhalten hat. In diesem Licht scheint es nur vernünftig, daß königliche Hoheiten ihre Ehegatten im Hochadel suchen. Man erinnere sich, mit welcher Anmut Prinzessin Diana dem immensen Streß einer Königshochzeit standhielt.

Streßreflexe und Streßreaktionen

Es gibt zwei Möglichkeiten, auf Streß zu reagieren. Der eine wählt die *syntoxe* Reaktion und ignoriert den Streß. Ein anderer wird die *katatoxe* Reaktion (Kampf oder Flucht) an den Tag legen. So kann ein Mann die katatoxe Reaktion wählen, wenn seine Frau im Kino angerempelt wird. Wenn er dann den Rüpel zur Rede stellt und bemerkt, daß dieser ein zwei Meter großer Kleiderschrank ist, dann kann die ursprüngliche Kampflust in die wesentlich sicherere syntoxe Reaktion umschlagen: Der Rüpel wird einfach ignoriert. Je nach Ihrer Erziehung kann eine der beiden Reaktionen so dominant sein, daß Sie keine bewußte Wahl zu treffen brauchen. Die wird Ihnen dann von Ihren Reflexen diktiert.
Die menschliche Streßreaktion wird en detail von Dr. Hans Selye diskutiert. In der Abbildung auf Seite 54 sehen Sie sein GSA-Diagramm (*G*enerelle *S*treß-Anpassung).

Generelle Streß-Anpassung

(nach Dr. Hans Selye)

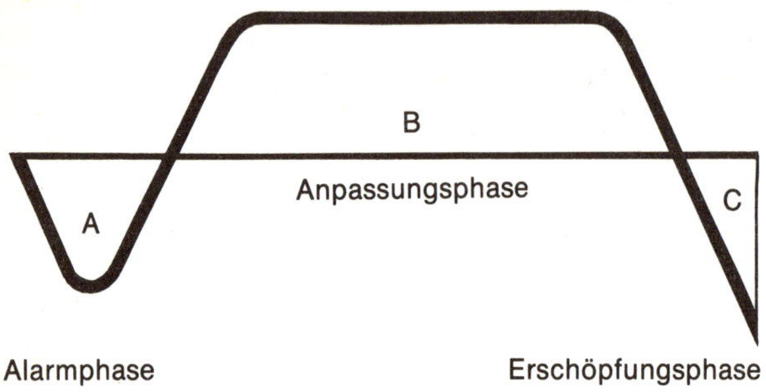

In der Alarmphase A durchläuft der Körper sämtliche physiologischen Streßreaktionen. Wenn der Streß jedoch lange genug anhält, gewöhnt sich der Körper daran und tritt in die Anpassungsphase B ein. Bei unausgesetzter Streßbelastung ist es jedoch nur eine Frage der Zeit, wann der Körper erschöpft ist (C).

Untersuchungen über die Kampfmoral von Berufspiloten im Zweiten Weltkrieg haben gezeigt, daß die Alarmphase bei fünf bis sechs Einsätzen über Feindesland vorherrschte, bevor die Anpassungsphase einsetzte. Diese hielt allerdings durch die wirklich extreme Streßbelastung nur bei den nächsten fünf Einsätzen vor. Nach dem elften Flug sank die Kampfmoral bis zur totalen Erschöpfung. Kampfneurose, Kriegsmüdigkeit und Resignation waren die Folgen, die aus jungen Hitzköpfen fast über Nacht alte Männer machten.
Dasselbe Prinzip trifft in abgeschwächter Form auf Ihre täglichen Streßkonfrontationen zu.
Aus diesem Grunde ist es auch so wichtig, sich Pausen zu gönnen und andere (nicht unbedingt geringere) Streßmomente zu suchen. Lassen Sie sich nicht von einem Streßfaktor total vereinnahmen (wie dies ›Workoholics‹ zu tun pflegen), sondern wechseln Sie Ihre Streßmomente. Alternierender Streß (s. Kapitel 4) ist gesünder, als die unablässige Belastung durch einen einzigen Streß. Die Leistungsfähigkeit eines echten ›Workoholic‹ sinkt nämlich durch die einseitige Streßbelastung so weit ab, daß er schließlich sechzehn Stunden für die Aufgabe *benötigt,* die er sonst in acht Stunden erledigt hätte.
Selyes GSA-Modell veranschaulicht auch die grundlegenden Lebensstufen, wobei die Kindheit mit der ersten Phase gleichzusetzen ist. Die Anpassungsphase korrespondiert mit den Erwachsenenjahren, die dann aber schließlich zur Erschöpfung (= Tod) führen. Der Trick liegt darin, die Anpassungs- oder Widerstandsphase zu verlängern!

Kapitel 3

Streß-Bewertung und Streß-Resistenz

Erkennen Sie Ihren Streß und entscheiden Sie

Nachdem Sie jetzt wissen, was Streß für Ihren Körper tun (ihm aber auch antun) kann, müssen Sie herausfinden, mit *wieviel* Streß Sie sich herumschlagen. Es ist daher unerläßlich, im Besitz zuverlässiger ›Warnblinklichter‹ für Streßüberlastung zu sein, die Sie – bevor es zu spät ist – auf Gefahren aufmerksam machen.

Durch die emotionelle Prägung vieler Streß-Erlebnisse wird deren objektive Bewertung natürlich enorm erschwert. So bedeutet beispielsweise für die einen der Anblick einer Maus Streß in geballter Form, während andere durch die putzigen Nagetiere nicht aus der Ruhe zu bringen sind.

Die 1967 erschienene Holmes-Rahe-Tabelle setzt einige – auch heute noch gültige – Richtlinien zur Streßbewertung fest. Der Tod des Lebenspartners bekam bei Holmes und Rahe die höchste Streßpunktzahl 100, eine Hochzeit wurde mit 50 Punkten bewertet. Was Sie sicherlich überraschen wird ist die Tatsache, daß zehn der fünfzehn stressigsten Erfahrungen nichts mit dem Arbeitsleben zu tun haben. Die meisten Menschen denken nämlich, daß sie am Arbeitsplatz mit dem schlimmsten Streß konfrontiert werden – und sind dementsprechend auf der Hut. Gleichzeitig glauben sie, daß das ›traute Heim‹ eine friedlich-harmlose Idylle ist und unterschätzen daher ganz zwangsläufig die vielfältigen Streß-Erfahrungen der Hausfrau. Doch nur indem Sie sich Ihres ›Streß-Päckchens‹ bewußt werden, können Sie auch richtig damit umzugehen lernen. Der Kampf gegen einen unsichtbaren Feind wäre nämlich eine überaus undankbare Angelegenheit.

Streß-Bewertungsskala nach Holmes und Rahe

Notieren Sie am Ende der Skala all die persönlichen Streß-Erlebnisse, die hier nicht auftauchen. Um eine Bewertung zu finden, vergleichen Sie diese mit den Streß-Situationen der Tabelle.
Die hier aufgeführten Punktzahlen gelten nur für Streß-Erfahrungen, die sie *innerhalb der letzten 24 Monate* gemacht haben.

Ereignis	Bewertung	Ihre Punktzahl
Tod des Ehepartners	100	
Scheidung	73	
Getrennt leben	65	
Gefängnisaufenthalt	63	
Tod eines Familienmitgliedes	63	
Eigene Verletzung oder Krankheit	53	
Hochzeit	50	
Fristlose Entlassung	47	
Versöhnung mit dem Ehepartner	45	
Pensionierung	45	

Ereignis	Bewertung	Ihre Punktzahl
Gesundheitliche Veränderungen bei einem Familienmitglied	44	
Schwangerschaft	40	
Sexualprobleme	39	
Hinzukommen eines neuen Familienmitglieds	39	
Veränderungen im Berufsleben	39	
Veränderte Finanzlage	38	
Tod eines engen Freundes	37	
Berufswechsel	36	
Ehekräche	35	
Hypothek übersteigt ein Netto-Jahresgehalt	31	
Verfall von Hypothek oder Darlehen	30	
Verändertes Aufgabenfeld im Beruf	29	
Sohn/Tochter verläßt das Elternhaus	29	
Schwierigkeiten mit der angeheirateten Sippschaft	29	
Hervorragende persönliche Leistungen	28	
Ehepartner will in den Beruf zurück	26	
Ehepartner hört auf zu arbeiten	26	
Schul-/Universitätsbeginn oder -abschluß	26	

Ereignis	Bewertung	Ihre Punktzahl
Ärger mit dem Chef	23	
Veränderte Arbeitszeiten und -bedingungen	20	
Umzug	20	
Andere Schule	20	
Andere Freizeitgestaltung	19	
Andere kirchliche Aktivitäten	19	
Andere soziale Aktivitäten	18	
Hypothek/Darlehen weniger als ein Netto-Jahresgehalt	17	
Veränderte Schlafgewohnheiten	16	
Familientreffen in anderen Zeitabständen	15	
Veränderte Eßgewohnheiten	15	
Urlaub	13	
Weihnachten	12	
Kleinere Gesetzesübertretungen	11	
Sonstiges		
....		
....		

Tragen Sie hier Ihre Gesamtpunktzahl ein:

Wenn Sie mehr als 300 Punkte verzeichnet haben, wird innerhalb eines Jahres mit 80 prozentiger Sicherheit eine ernsthafte Verschlechterung Ihres Gesundheitszustandes eintreten.

Jetzt haben Sie einen recht objektiven Eindruck über das Ausmaß Ihrer Streßbelastung erhalten. Wenn Sie mit weniger als 150 Punkten davongekommen sind, sind Sie immerhin noch einem 30prozentigen Gesundheitsrisiko ausgesetzt, bis 300 Punkte erhöht es sich auf 50 Prozent. Bei mehr als 300 Punkten liegt es, wie gesagt, bei 80 Prozent. Wie diese Verschlechterung Ihres Gesundheitszustandes allerdings aussehen wird, ist nicht vorherzusagen. Einige Menschen sind besonders für Magengeschwüre anfällig, andere wiederum sind Kandidaten für Herzinfarkt, Herz-Rhythmus-Störungen, geistige Zusammenbrüche, Colitis (Dickdarmentzündung), Asthma, Infektionen durch Immunschwäche oder sogar Krebs. Als stark gestreßter Mensch müssen Sie sich mindestens einmal im Jahr zu einer Generaluntersuchung bequemen. Nur so können Sie herausfinden, wo Ihre wunden Punkte liegen.

Wenn Sie diese Statistik aber einmal von der anderen Seite betrachten, werden Sie die verblüffende Feststellung machen, daß sich 20 Prozent aller Menschen unter extremer Streßbelastung gleichbleibender Gesundheit erfreuen. Wie kommt es, daß diese Gestreßten so kugelsicher sind? Um diese Frage zu beantworten, war eine zweite Skala notwendig – die Hanson-Skala der Streß-Resistenz. Die bewertet die Entscheidungen, die Sie im Angesicht der Streßbelastung fällen. Sie zeigt Ihnen aber auch, wo Sie sich verbessern können.

Die Hanson-Skala der Streß-Resistenz zeigt Ihnen zehn Entscheidungen, mit denen Sie sich Schaden zufügen, sowie zehn andere, mit denen Sie sich gegen den Streß wappnen können. Sobald Sie begriffen haben, daß diese Entscheidungen nicht auf unwichtige Gewohnheiten abzielen, werden Sie Ihr Leben besser in den Griff bekommen und einer höheren Streßbelastung gewachsen sein.

Hanson-Skala der Streß-Residenz

Falsche Entscheidungen	Punkte
1. Schlechte Erbanlagen	−10
2. Schlaflosigkeit	−20
3. Falsche Ernährung	−30
4. Übergewicht	−40
5. Unrealistische Ziele	−50
6. Gifte (inkl. Koffein)	−60
7. Rauchen	−70
8. Falscher Job	−80
9. Finanzielle Notlage	−90
10. Labiles Zuhause	−100

Gute Entscheidungen	Punkte
1. Gute Erbanlagen	10
2. Sinn für Humor	20
3. Richtige Ernährung	30
4. Streß-Abwechslung	40
5. Realistische Ziele	50
6. Den Streß begreifen	60
7. Entspannungstechniken und gesunder Schlaf	70
8. Gründliche Berufsvorbereitung	80
9. Finanzielle Sicherheit	90
10. Stabiles Zuhause	100

Anwendung der Hanson-Skala:
Finden Sie anhand der Hanson-Skala Ihre Streß-Resistenz heraus und zählen Sie ihre Punktzahl dann zu Ihren derzeitigen Streßfaktoren (Holmes-Rahe-Tabelle). Obwohl es zu jeder Kategorie auch Abstufungen gibt, nehmen Sie erst einmal an, daß jede Abstufung dieselbe Punktzahl erhält.* (Sie müssen als Raucher also −70 Punkte verbuchen, egal ob Sie vierzig oder zehn Zigaretten täglich rauchen). Sobald Sie einen generellen Überblick haben, können Sie die Punktzahl zur Feineinstellung ein wenig nach oben oder unten verändern.

* Die Punktzahl ist willkürlich gewählt und soll Ihnen lediglich als Richtschnur dienen.

Wie wir gesehen haben, ist das Zivilisationsprodukt Mensch noch mit einer ganzen Reihe von Streßreaktionen seiner tierischen Vorfahren behaftet. Doch besitzen wir gegenüber dem Affen einen unschätzbaren Vorteil: Wir können denken – und in dieser Eigenschaft liegt unsere Stärke. Aus der Skala lernen wir aber, daß sich viele Menschen in Streßsituationen durch falsche Reaktionen freiwillig in eine Position hineinbugsieren, in der sie dem Tier weit unterlegen sind. Egal, ob solche Entscheidungen wissentlich oder unbewußt getroffen werden, am Ende schaut dabei das gleiche heraus: weniger Lebensfreude, eine labile Gesundheit, niedrige Lebenserwartung und eine geringe Leistungsfähigkeit im Beruf. Wenn Sie jedoch Ihre Intelligenz bei der Wahl Ihrer Streßreaktionen walten lassen, können Sie von Ihrem Streß profitieren, besser und länger leben.
Der heute gängige, fast zwanghafte ›Herdentrieb‹ bei der Wahl schlechter Streßreaktionen ist nicht allein auf einen Mangel an Gelegenheit zurückzuführen. Vor nicht allzu langer Zeit habe ich ein modernes Flugkontrollzentrum besichtigt, das mit den modernsten Anti-Streß-Einrichtungen ausgestattet war: Von der Bibliothek über Sport- und Hobby-Anlagen bis hin zum nicht ganz jugendfreien Kino gab es alles, was das (gestreßte) Herz begehrt. Die Fluglotsen sind nur die Hälfte ihrer Acht-Stunden-Schicht im Einsatz. Die andere Hälfte soll zur Entspannung von ihrer nervenaufreibenden Tätigkeit genutzt werden. Doch da hatten die Planer die Rechnung ohne den Herdentrieb der Leute gemacht: Gähnende Leere in dem so sinnvoll erdachten Freizeitzentrum; dafür hockte die versammelte Mannschaft kettenrauchend in der Cafeteria. Die Moral von der Geschichte? Wenn Sie ein typischer Durchschnittsmensch sind, wird Ihr Fahrrad höchstwahrscheinlich im Keller dahinrosten und Ihre Mitgliedschaft im Fitness-Center verfallen. Denn Fitness ist abhängig von der Motivation, nicht von Geräten und Spielsachen.

Wir wollen jedoch zunächst die Bedeutung der zehn falschen Entscheidungen der Hanson-Skala unter die Lupe nehmen.

Fehlentscheidung Nr. 1: Schlechte Erbanlagen

Minus 10 Punkte!

Natürlich liegen weder Lebensqualität noch Lebenserwartung Ihrer Vorfahren im Bereich Ihrer Einflußmöglichkeiten, dennoch galt früher der Grundsatz: Willst du ein hohes Alter erreichen, such dir deine Eltern sorgfältig aus. Heute mag diese Maxime nicht mehr so wichtig erscheinen. Daher brauchen Sie sich auch nur zehn Minuspunkte zu geben, wenn in Ihrer Familiengeschichte frühe Todesfälle gehäuft auftreten. Nach heutigem Stand der Forschung kann man zu Recht behaupten, daß die Vorfahren der meisten Menschen durch falschen Umgang mit (meist nicht selbstverursachtem) Streß frühzeitig dahingerafft wurden. In vielen Fällen wirkten Traumata, wie Krieg, Hungersnot oder Krankheiten, lebensverkürzend. Und auch wenn diese Lebenseinbrüche nicht direkt tödlich waren, so raubten sie dem Einzelnen doch eine Menge der erwähnten Anpassungsenergie (s. Seite 25). Solche Katastrophen könnten ebenso wie falsche Streß-Strategien im Hinblick auf Lebensstil, Finanzen, Umgebung und Pensionierung auch damals entscheidend zum frühen Ableben beigetragen haben.
Sportliche Betätigung und Fitness-Bestrebungen waren noch bis vor kurzem für einen Großteil der Bevölkerung böhmische Dörfer. Obwohl Bauern sicherlich gesundheitlich von der Arbeit an der frischen Luft profitierten, litten

sie auf der anderen Seite auch häufig unter Lebensmittelknappheit durch Dürreperioden, Insektenbefall, etc. Dazu kam, daß die medizinische Versorgung ziemlich primitiv war. Die heutige Medizin macht's möglich, daß Sie in den seltensten Fällen an den Todesursachen Ihrer Vorfahren sterben. Auch wissen wir heute einfach mehr über die Volksgesundheit. Wenn also Ihre Vorfahren früh an Lungenkrebs starben, sie aber in einer asbestverarbeitenden Fabrik tätig waren, braucht sich das nicht auf Ihre Gesundheit niederzuschlagen. Vorausgesetzt, Sie sind nicht den gleichen Risiken ausgesetzt.
Anders sieht es natürlich aus, wenn alle männlichen Mitglieder Ihrer Familie im Alter von Fünfundreißig an derselben Herzkrankheit gestorben sind und Sie sich vor Ihrem neunundzwanzigsten Lebensjahr in keiner Arztpraxis blikken ließen. Dann ist es durchaus möglich, daß Sie das ›Pech‹ Ihrer Vorfahren erben. Die niedrige Punktzahl, die den genetischen Faktoren zugeordnet wurde, soll auf keinen Fall die ganz realen Risiken beschönigen, mit denen Personen mit möglicherweise ererbten Krankheiten leben. Sie trägt lediglich der relativen Seltenheit solcher Fälle Rechnung.

Schlechte Erbanlagen
Wenn Ihre Eltern oder Großeltern vor dem 65. Lebensjahr starben, beträgt Ihre Punktzahl –10. Tragen Sie die Punkte hier ein: [ ]

Fehlentscheidung Nr. 2: Schlaflosigkeit

Minus 20 Punkte!

Auf den ersten Blick sieht Schlaflosigkeit natürlich nicht wie eine bewußte Entscheidung aus, aber die Tatsache, daß gesunder Schlaf ohne Tabletten erreicht werden kann, macht diese Kategorisierung nachvollziehbar. Denn wer sich die Nacht um die Ohren schlägt und einfach keinen erfrischenden Schlaf finden kann, wird auch nicht in Topform sein, wenn es darum geht, den Streßbelastungen des nächsten Tages standzuhalten. Die meisten Menschen leiden aus dem Grund unter Schlaflosigkeit, weil sie sich, statt abzuschalten, nachts noch mit unbewältigten Tagesproblemen herumplagen. Wir werden später im einzelnen darauf eingehen, wie Sie Ihre Schlaflosigkeit in den Griff bekommen.

Wir müssen natürlich berücksichtigen, wieviel Schlaf ein jeder wirklich braucht. Wie viele ältere Patienten bitten mich, ihnen ein Schlafmittel zu verordnen, weil sie nur vier bis fünf Stunden pro Nacht schlafen. Ich rede mir dann den Mund fusselig, daß Menschen – je älter sie werden – immer weniger Schlaf benötigen. Doch die Überzeugung, daß acht Stunden einen guten Schlaf ausmachen, läßt sich bei diesen Patienten nur schwer bekämpfen. So erzähle ich ihnen dann, daß die einzige Möglichkeit, an die ersehnten zusätzlichen drei Schlafstunden zu kommen, eine Vollnarkose sei. Denn sie leiden *nicht* unter wirklicher Schlaflosigkeit.

Stimulantien, wie Koffein und Alkohol, beeinträchtigen den gesunden Schlaf ebenso wie das Verhalten von Typ A (s. Kapitel 8), eine schwere Mahlzeit vor dem Zubettgehen, ein schnarchender Gatte oder ein schreiendes Baby. Doch für all diejenigen, die morgens wie gerädert aufwachen und eigentlich nochmal acht Stunden Schlaf benötigten, um halbwegs anständig durch den Tag zu kommen: Es gibt viele Entspannungstechniken, die Ihnen wertvolle Hilfe leisten können (s. Kapitel 4).

Schlaflosigkeit
Falls Sie es vorziehen, sich die Nächte um die Ohren zu schlagen, bekommen Sie −20 Punkte. Tragen Sie die Punkte hier ein:

Fehlentscheidung Nr. 3: Falsche Ernährung

Minus 30 Punkte

Wenn Sie zu viel, zu wenig, zu schnell oder die falschen Lebensmittel essen, dann haben Sie sich dafür entschieden, Ihre Streßresistenz erheblich herabzusetzen. Schnelldiäten unterschlagen mindestens eines der sechs Grundnahrungs-Elemente (Kohlenhydrate, Fette, Eiweiß, Ballaststoffe, Wasser, Vitalstoffe) und sollten daher tunlichst vermieden werden. Übermäßiger Salzkonsum treibt Ihren Blutdruck in die Höhe und belastet Herz und Nieren. Eine zu geringe Flüssigkeitsaufnahme (weniger als acht Gläser Wasser am Tag) beeinträchtigt die Konsistenz des Blutes und die Nierenfunktion.
Aber auch eine selbstverschriebene Überdosis an Mineralstoffen und Vitaminen kann eine gesundheitliche Gefahr darstellen. Später werde ich näher auf die richtige Ernährung eingehen. Wenn Sie nicht wissen, ob Sie sich falsch ernähren, dann lesen Sie zunächst Kapitel 5, bevor Sie hier Ihre Punktzahl eintragen.

Falsche Ernährung
Wenn Sie sich dafür entschieden haben, ungesunde Dinge in sich hineinzustopfen, beträgt Ihre Punktzahl −30. Tragen Sie die Punkte hier ein: ☐

Fehlentscheidung Nr. 4: Übergewicht

Minus 40 Punkte

Dies ist wahrscheinlich ein gewichtiges Thema, das in Kapitel 6 noch eingehender diskutiert wird. Da der Körper unter Streß zur Gewichtsabnahme neigt, muß er schon ziemlich überfüttert werden, um weiterhin dick zu bleiben. Zum besseren Verständnis wollen wir uns noch ein wenig intensiver mit dem Übergewicht auseinandersetzen. Übergewicht selbst ist nicht das Problem – es ist lediglich die Folge eines Problems, das meist auf folgenden Phänomenen basiert:

1. Langeweile
2. Übermäßiger Streß
3. Lebensstil und Gruppenzwang
4. Mangelnde Selbstachtung.

Menschen, die in Streßzeiten wahllos Dinge in sich hineinstopfen, tun dies nicht aus überwältigenden Hungergefühlen. Wie auch? Sind doch ihre Mägen so gut wie nie leer – eine mitleiderregende Situation.
Um eine Lösung für die wahren, zugrunde liegenden Probleme des Übergewichtigen zu finden, ist eine sorgfältige, enge Zusammenarbeit von Arzt und Patient erforderlich. Operative Eingriffe von der Unterkieferfixierung bis zur Darmverkürzung oder dem Magen-Teil-Bypass sind auf Dauer ebenso wichtig zu empfehlen wie die Konstruktion

einer Direktverbindung zwischen Mund und Mastdarm. Oft sind es kindliche Verhaltensmuster, die der Fettleibigkeit den Weg bahnen, wie der Zwang, den Teller leer essen zu müssen oder wenn man mit Süßigkeiten statt einer Umarmung für eine Leistung belohnt wurde. Als Erwachsene können wir jedoch – mit professioneller Hilfe – die Auswirkungen einer solchen Kindheits-Konditionierung überwinden.

Schon wenn Sie zehn Prozent über Ihrem Idealgewicht (damit sind nicht die Richtlinien der Lebensversicherungen gemeint, sondern das Gewicht, mit dem Sie sich in der Badehose gut leiden mögen) liegen, schaden Sie damit Ihrer Gesundheit und Ihrem Wohlbefinden. Renn-Jockeys wissen genau, daß schon zehn Pfund mehr auf dem Rücken die Leistung eines Pferdes erheblich beeinträchtigen können. Was sagen dann erst Ihre Beine dazu?

Übergewicht wird *krankhaft*, wenn Sie mehr als das Doppelte Ihres Idealgewichts auf die Waage bringen. Die Statistiken zeichnen ein erschreckend düsteres Bild. Oft hilft nur eine Schocktherapie, um diese eigentlich bedauernswerten Zeitgenossen wachzurütteln: Wenn ich einen wirklich fettleibigen Zwanzigjährigen in meiner Praxis habe, mache ich ihn darauf aufmerksam, daß er wahrscheinlich nicht älter als Fünfzig wird, wenn er seine Eßgewohnheiten nicht radikal ändert.

Obwohl wir ständig mit immer neuen Publikationen über richtige Ernährung bombardiert werden, verschließen immer noch viele Menschen Augen und Ohren und beißen herzhaft in ihren Hamburger. Tiere könnten in freier Wildbahn mit so viel Übergewicht überhaupt nicht überleben. (Daher sind auch Schoßtiere – neben dem Menschen – die einzigen krankhaft fettsüchtigen Kreaturen auf Gottes weiter Erde.)

Die Auswirkungen der Fettleibigkeit betreffen nicht nur die Ästhetik oder die unter dem massiven Gewicht zitternden Knie: Auch Herz, Lunge, Leber und Bauchspeicheldrüse (siehe Diabetes) werden durch Fettsucht übermäßig belastet. Mehr über dieses Thema in Kapitel 6 und auch Kapitel 7, in dem Sie erfahren, wie Sie mit ›normalem Essen‹ zum schlanken Ich kommen.

Fettsucht
Wenn Sie es vorziehen, fett zu sein, geben Sie sich 40 Minuspunkte. Tragen Sie Ihre Punkte hier ein: ☐

Fehlentscheidung Nr. 5: Unrealistische Ziele

Minus 50 Punkte

Der Ein-Meter-sechzig-Mann, der von einer Basketball-Karriere träumt, und der Hüne, der Jockey werden möchte – beide verfolgen höchst unrealistische Ziele. Wenn sie sich nicht besinnen, werden sie zwangsläufig an ihren verstiegenen Ambitionen scheitern. Darüber hinaus kann sich die daraus resultierende ständige Unzufriedenheit höchst negativ auf die Streß-Widerstandskräfte des Träumers auswirken. Die wunderbare Welt des Fernsehens ist zum Teil dafür verantwortlich, daß die meisten Schulabgänger heute unrealistisch hochgeschraubte Erwartungen von ihrem zukünftigen Lebensstil haben. Doch verfügen sie häufig nicht über die Ausdauer, die erforderlichen Ausbildungsjahre voll harter Arbeit durchzustehen, um ihre Erwartungen zu realisieren. So bleiben sie allzu oft hinter ihren Ambitionen zurück. Das Ergebnis: Unzufriedenheit und enorme Frustrationsgefühle, wie sie vor allem bei jungen Arbeitslosen vorkommen.

Doch scheint sich unsere Gesellschaft langsam an die veränderten Umstände anzupassen. Während Eltern ihre Kinder noch bis vor kurzem dazu ermutigten, eine akademische Ausbildung anzustreben, führt die Realität eines überfüllten Arbeitsmarktes heute vielfach zu der Einsicht, daß ein Universitätsabschluß keine Erfolgsgarantie mehr bietet. Schulabgänger stürzen sich heute eher auf den Lehrstellenmarkt, um ein gefragtes und handfestes Gewerbe zu erlernen, das ihren Fähigkeiten und Interessen entspricht. Auf diese Art und Weise werden wir in den nächsten Jahren über mehr und besser ausgebildete Fachkräfte auf allen Ebenen verfügen können. Ein Universitätsstudium dagegen bedeutet ein von der Praxis losgelöstes geistiges Spiel mit Theorien, was für einen Teil der Studenten sicherlich ideal ist, aber eben nur für einen Teil. Eine dreijährige intensive Beschäftigung mit Cervantes' *Don Quichotte* wird auf der Jobsuche bestimmt keinen Personalchef beeindrucken.
Welchen Nutzen Sie dagegen aus realistischen Zielen ziehen können, lesen Sie in Kapitel 4.

Unrealistische Ziele
Wenn Sie sich bewußt auf unrealistische Ziele kapriziert haben, bekommen Sie −50 Punkte.
Tragen Sie Ihre Punkte hier ein: ☐

Fehlentscheidung Nr. 6: Gifte

Minus 60 Punkte

Ich habe das abschreckende Wort *Gifte* gewählt, um damit die gesamte Bandbreite aller in Streß-Situationen geschluckten Toxine, (Drogen, Koffein oder das gebräuchlichste Gift Alkohol) abzudecken.

Alkohol

In Maßen genossen, das heißt ein bis zwei Gläser Bier oder Wein am Tag, ist Alkohol durchaus als harmlos einzustufen. (Dies gilt natürlich nicht während einer Schwangerschaft.) Es gibt sogar Forschungsergebnisse, die beweisen, daß derart gemäßigter Alkoholgenuß Ihren Cholesterinspiegel ein wenig senken kann. Doch sobald Ihr Alkoholkonsum dieses magische Limit übersteigt, wird aus dem Nutzen ein Schaden. Denn Alkoholexzesse führen zu Schlafstörungen, schädigen die Magenschleimhaut und können Kopfschmerzen, Leberzirrhose sowie eine Vielzahl anderer Probleme hervorrufen. Alkohol läßt die Hoden beim Mann und bei der Frau die Eierstöcke so weit schrumpfen, bis ein Sexualtrieb so gut wie gar nicht mehr vorhanden ist. Und – was wohl nicht ganz unwesentlich ist – er führt zur nicht wiedergutzumachenden Zerstörung von Gehirnzellen.

Vor dem Zubettgehen behindert Alkohol durch seine verspätet eintretende Stimulation den erfrischenden Schlaf. Übermäßiges Trinken führt auch zu einem schier unglaublich schnellen Alterungsprozeß. Wenn Sie Gelegenheit hätten, die Geburtsurkunde eines typischen Pennbruders einzusehen, wären Sie wahrscheinlich geschockt: Obwohl er wie Neunzig aussieht, ist er vielleicht gerade erst Dreißig. Eine Autopsie seiner inneren Organe würde voraussichtlich seinen fortgeschrittenen Alterungsprozeß bestätigen. Immer, wenn ich jemanden sehe, der viel älter erscheint, als er in Wahrheit ist, tippe ich sofort auf Alkoholmißbrauch.

Beruhigungsmittel

Zu den gefährlichen Giften zählen auch die Beruhigungsmittel. Unglücklicherweise ist die Hauptbezugsquelle dieser Drogen immer noch der Arzt selbst. Beruhigungsmittel gehören heute zu den am häufigsten verschriebenen Medikamenten. Es ist wirklich erschütternd, wie viele Menschen für die Bewältigung ihres Alltagsstresses von Beruhigungsmitteln abhängig sind. Doch es gibt keine Streßhilfe in Pillenform. Sie sollten die *Ursachen* des Stresses angehen und nicht an den *Symptomen* herumkurieren. Magengeschwüre, Bluthochdruck, Angina pectoris, Migräne sind im direkten Zusammenhang mit Streß zu sehen.

Das typische Beruhigungspillchen, das mehrmals am Tag eingenommen wird, braucht ganze vierundzwanzig Stunden, um vom Körper ausgeschieden zu werden. Bei täglicher Einnahme auch vor dem Schlafengehen hat der Körper daher gar keine Möglichkeit, sich dieser Langzeit-Pillen zu entledigen. Das Resultat: Medikamentensucht, verminderte Geistesgegenwart und damit einhergehende Problemlösungsschwierigkeiten.

Der Einsatz von Tranquilizern ist manchmal und bei kurzfristigem Gebrauch zur Bewältigung akuter Krisensituationen gerechtfertigt. Die durchaus nützliche und legitime Rolle, die Langzeit-Tranquilizer bei der Behandlung von schweren psychischen Krankheiten spielen, ist ein ganz anderes Thema, das den Rahmen dieses Buches sprengen würde.

Koffein

Der Griff zur dampfenden Tasse Kaffee (oder Tee) ist – wie uns die Werbung glaubhaft zu vermitteln sucht – für den Gestreßten von heute schon eine Selbstverständlichkeit. Wenn sich der Kaffeekonsum nur auf eine Tasse am Tag beschränken ließe (bei Tee sind zwei Tassen erlaubt), so wäre dieser Entspannungstrunk eine verhältnismäßig harmlose Angelegenheit. Doch verhält es sich hier ebenso

wie beim Alkohol: Mehr als diese zulässige Menge ist schädlich – wenn *Koffein* mit im Spiel ist.
Hier einige der wichtigsten Koffein-Quellen:

Getränk	*Koffein (mg)*
löslicher Kaffee, 1 Tasse	104
Filterkaffee, 1 Tasse	192
Espresso, 1 Tasse	240
Tee, 1 Tasse	48–72
Cola, 1 Glas	27–54
Heiße Schokolade, 1 Tasse	15

Mein Vorschlag: Suchen Sie nach Ersatz. Wenn Sie bevorzugt Instant Kaffee trinken, versuchen Sie es mit einem koffeinfreien löslichen Kaffee. Wenn Sie aber Ihr schwarzes Gebräu lieber selbst filtern, sollten Sie auf koffeinfreie Bohnen zurückgreifen. Auch passionierte ›Kaffeenasen‹ werden praktisch keinen Unterschied herausschmecken, da das Koffein selbst ein völlig geschmacks- und geruchsneutraler Zusatz ist.
Außer Koffein finden sich natürlich noch andere Chemikalien in Ihrem Lieblingsgebräu, die ich nicht unbedingt gutheißen würde, denn ihre Wirkung ist noch weitgehend unbekannt. Im streng analytischen Sinn kann über Kaffee und Tee bestenfalls gesagt werden, daß ihr Nährwert gleich Null ist und daß es sich dabei lediglich um teures braunes Wasser handelt.
Aufgrund ihrer riesigen Anhängerschaft wäre es allerdings utopisch anzunehmen, daß jemals ein genereller Kaffee- oder Teeverzicht einträte. Suchen Sie sich aber wenigstens ein geeignetes entkoffeiniertes Substitut (bei Tee vielleicht einen Kräutertee), das Ihr Bedürfnis nach einem heißen

Entspannungsgetränk stillt. (Denn der wahre Grund für die scheinbar entspannende Wirkung liegt darin, daß Ihr Gesprächspartner die Tasse nicht in einem Zug leeren und sich dann aus dem Staub machen kann.) Da die meisten Raucher beim Kaffee- oder Teegenuß einen unstillbaren Drang nach einer Zigarette verspüren, wäre es vielleicht zu empfehlen, daß Sie auf Mineralwasser umsteigen, damit aus der Kaffeepause nicht zwangsläufig eine ›Feuerpause‹ wird.

Koffein kann beträchtlichen Schaden in Ihrem Körper anrichten. Schon zweieinhalb Tassen am Tag (400 mg) sorgen für die doppelte Menge Adrenalin im Blut, und das meist zu einem Zeitpunkt, in dem Ihr Körper – als Streß-Reaktion – ohnehin an demselben Vorgang arbeitet. Durch spätabendlichen Koffeingenuß wird zudem ein erfrischender Schlaf so gut wie unmöglich. Auch wenn Sie noch recht leicht eindösen. Ihr Schlaf ist jedoch höchst uneffektiv, so daß Sie am nächsten Morgen nur mit Schwierigkeiten aufwachen. Erst die Tasse Kaffee am Morgen wird Sie in Schwung bringen, und schon sitzen Sie mitten in einem Teufelskreis.

Sie erinnern sich, daß der Magen unter Streßbelastung normalerweise abgeriegelt wird. Was Sie in solchen Situationen essen oder trinken, bleibt also länger dort liegen, bevor es weitertransportiert wird. Dieser Zeitgewinn gibt dem Koffein die Chance, Ihren Magenschleimhäuten Schaden zuzufügen. Wandern wir noch ein wenig weiter südlich in der menschlichen Anatomie, dann zeigt sich, daß Koffein überdies auch Dickdarmentzündung und Hämorrhoiden Vorschub leisten kann. Zudem kann die durch Koffeingenuß künstlich erzeugte Energie Ihre ›Pumpe‹ so stark belasten, daß bei einem ohnehin angegriffenen Herzen möglicherweise eine Angina pectoris ausgelöst wird.

BUCHHANDLUNG
Karin Thielemann
Bahnhofstraße 18
6457 Maintal 1
Telefon (0 61 81) 49 29 06

Anschrift

Anz.	Datum	Einzel-preis	DM	Pf
1	BLTB			
	60250			
			R. W	

n diesem Betrag sind DM ____________ / ______ % Mehrwertsteuer enthalten

/erk.

26715-19

Bei Irrtum oder Umtausch bitte diesen Kassenzettel vorlegen

RNK Verlags-Nr. 2952

Leider wären wir aber damit immer noch nicht am Ende: Meiner Erfahrung nach ist Koffein wahrscheinlich auch an der Bildung von Brustknoten und diversen anderen Brustproblemen beteiligt. Bei Frauen, die vor oder während ihrer Menstruation unter empfindlichen und schmerzenden Brüsten leiden oder allgemein Probleme mit Zysten haben, schafft der Verzicht auf Koffein oft schnelle Abhilfe. Koffein allein gilt nicht als Auslöser von Brustkrebs. Indem es jedoch das Wachstum harmloser Zysten beschleunigt, erschwert es die Diagnose neuer Brustknoten.
Wie mir meine Patienten berichten, ist es weitaus leichter, auf Koffein zu verzichten, als andere Alltagsgifte aufzugeben.

Gifte
Bei anhaltendem Alkohol-, Pillen- oder Koffeinkonsum müssen Sie sich 60 Minuspunkte geben.
Tragen Sie Ihre Punktzahl hier ein: ☐

Fehlentscheidung Nr. 7: Rauchen

Minus 70 Punkte

Diese weitverbreitete Streßreaktion mit verheerenden Auswirkungen ist die Nr. 1 unter den vermeidbaren Gesundheitsrisiken. Vollkommen absurd und mit gesundem Menschenverstand nicht nachzuvollziehen ist die Vorstellung, daß sich intelligente Menschen ein aufgerolltes Tabakblatt in den Mund stecken und es dann anzünden. Und wenn man sich dann noch die katastrophalen Folgen für die Gesundheit vor Augen führt . . .
Wie oft habe ich mit Müttern zu tun, die sich während der Schwangerschaft alle nur erdenkliche Mühe geben, gesund

zu essen, die sich den Kopf darüber zerbrechen, ob es für das Baby nicht besser sei, nur abgekochtes Wasser zu trinken, die strikt die Einnahme jeglicher Medikamente verweigern. Alles durchaus begrüßenswerte Maßnahmen zum Schutz des ungeborenen Lebens.

Wenn ich aber sehe, daß manche dieser besorgten Schwangeren munter eine Zigarette nach der anderen rauchen, dann setzt mein Verstand aus. Wie können sie die nicht wiedergutzumachenden Schäden, die die konstante Schadstoffbelastung bei ihrem Kind anrichtet, so ungerührt ignorieren? Rauchen während der Schwangerschaft ist nichts anderes als pränatale Kindesmißhandlung! Viele Geburtshelfer weigern sich heute sogar schon, die Verantwortung für die Gesundheit von rauchenden Fast-Müttern zu übernehmen.

Die Auswirkung solcher Kindesmißhandlung ›in utero‹ reichen weit in die Kindheit hinein, wenn ein Elternteil raucht. Dabei ist es heute unumstritten, daß das passive Mitrauchen die physische und geistige Entwicklung von Raucherkindern erheblich behindern kann. Solche Kinder leiden überdies viel häufiger an Bronchitis, Kopfschmerzen, Asthma, Kopfgrippe und Allergien. Es ist mir daher ein Rätsel, warum so viele intelligente, liebevolle Eltern angesichts all der durch Rauchen verursachten kindlichen Beschwerden nicht auf den Glimmstengel verzichten können.

Doch bei dieser verantwortungslosen Kindesmißhandlung hört es nicht auf: Rauchen stellt überdies eine beispiellose Form von Selbstverstümmelung dar. Wenn die Lungen unter Streß ohnehin schon auf Hochtouren arbeiten und den Sauerstoff mit maximaler Kapazität einsaugen, dann kann jeder Zug aus der Zigarette auch maximalen Schaden anrichten. Dazu kommt, daß sich jedes Blutgefäß im Körper (inklusive der Koronararterien) nach einer einzigen Zigarette erheblich verengt. Das mögliche Resultat: Herzinfarkt.

Wir haben wahrscheinlich alle schon die grauenhaften Bilder gesehen, die die Auswirkungen des Rauchens auf Blutgefäße, Lunge, Magen, Haut und andere Organe in all ihrer Widerwärtigkeit darstellen. Wir werden zudem derart mit einschlägiger Warn-Literatur überschwemmt, daß jede weitere Mark, die in Studien über die Auswirkungen des Rauchens gesteckt wird, verschwendet ist. Denn wir wissen genau: Zigarettenrauch ist ein gefährlicher Killer. Und dennoch bleiben die Verkaufszahlen der Zigarettenindustrie relativ konstant. Lediglich rapide Preiserhöhungen führen nachweislich zu einem minimalen Verkaufsrückgang.

Interessanterweise ergibt sich ein anderes Bild, wenn man die extrem rauchanfällige Gruppe der jungen Mädchen aus der Statistik herausläßt: Dann scheint es, daß die Mehrheit der Erwachsenen *nicht* raucht. Dies ist sicherlich ein Anzeichen von wachsender Besonnenheit und daher zu begrüßen. Die Zahlen beweisen aber leider auch, daß die Raucher schneller sterben als neue Zigarettensüchtige nachwachsen.

Rauchen schadet im Grunde genommen jedem einzelnen Körperorgan. Jährlich verursacht es Tausende von Todesfällen aufgrund von Herzinfarkt oder Magengeschwüren. Etwa 30 Prozent aller Krebsfälle – vom Lugenkrebs über Kehlkopfkrebs bis zum Blasenkrebs – stehen in direktem Zusammenhang mit Zigarettenkonsum.

Auch Passivrauchen stellt eine nicht zu unterschätzende Gefahr dar. Angina-pectoris-Patienten leiden zum Beispiel schon dann unter Brustschmerzen, wenn sie einen verräucherten Raum betreten. Leichtfertiger Umgang mit der

Zigarette verursacht zudem viele schwere Verbrennungen und Zimmerbrände.

Als Raucher mögen Sie nun glauben, daß Ihre Lungen in Top-Form sind. Auch das Beispiel eines neunzigjährigen Rauchers in Ihrer Familie mag Sie in trügerischer Sicherheit wiegen. Oft genug werden Ihnen erst extreme körperliche Belastungen (beispielsweise eine Stunde joggen oder Ski fahren in großer Höhe) oder die medizinische Untersuchung Ihrer Lungenfunktionen die Augen über den katastrophalen Zustand Ihrer Lungen öffnen. Vielleicht bemerken Sie den fortschreitenden Verfall erst, wenn Sie beim Treppensteigen ins Keuchen geraten oder keinen Satz ohne wiederholtes Luftholen beenden können. Das sind dann die voraussehbaren und unabdingbaren Spätschäden eines Lungenemphysems und nicht etwa lediglich untrainierte Muskeln.

Die einzige Möglichkeit, das noch vorhandene Lungengewebe zu retten, besteht im absoluten Rauchverzicht. Es gibt einfach keine Gymnastik, kein Vitamin oder Wunderpülverchen, mit dem das Gift unwirksam gemacht werden könnte.

Rauchen

Wenn Sie es trotzdem nicht lassen können, müssen Sie 70 Minuspunkte verbuchen. Tragen Sie ihre Punktzahl hier ein: ☐

Fehlentscheidung Nr. 8: Der falsche Job

Minus 80 Punkte

Sind Sie mit Ihrer Arbeit zufrieden? Wenn die Antwort ›nein‹ ist, haben Sie sich mit der Wahl Ihres Berufes großen Schaden zugefügt. Auch wenn Sie dabei eine durchaus realistische Zielsetzung hinsichtlich finanzieller und anderer pragmatischer Erwägungen im Auge hatten, ist es möglich, daß die Berufswahl Ihrer Persönlichkeit und Ihren Neigungen nicht entspricht. Eine solche falsche Entscheidung kann sich zu einer immensen Belastung auswachsen. Denn Unzufriedenheit beim täglichen Broterwerb führt zu einem negativen Selbstbild, zu grüblerischer Sprunghaftigkeit und schließlich zu einer durch Streit gespannten Familienatmosphäre. Dies kann sowohl durch Überqualifizierung als auch durch Unterqualifizierung und schlechte Eignung für den Job hervorgerufen werden.

So unwahrscheinlich es klingen mag, daß irgend jemand einen für ihn ungeeigneten Beruf wählt: Es ist aus verschiedenen Gründen ein alltägliches Phänomen. So hat Dr. Laurence Peter in seinem Buch *Das Peter-Prinzip* den verhängnisvollen Mechanismus aufgezeigt, mit dem ein Arbeitnehmer so lange durch Beförderung in der Betriebshierarchie aufsteigt, bis er die Grenze seiner Möglichkeiten überschreitet. Das bedeutet, daß eine Person so lange höhersteigt, bis sie inkompetent wird. Auf dieser Stufe bleibt sie dann meist bis zum Rentenalter, da sie für eine weitere Beförderung ungeeignet erscheint. (Wenn dies ein allgemeingültiges Phänomen ist, würde das bedeuten, daß die meisten Jobs in inkompetenten Händen sind.) Eine solche Situation würde nicht nur die individuelle Streßresistenz, sondern auch die Widerstandskraft der ganzen Firma beeinträchtigen.

Was also tun? Schauen Sie nicht tatenlos zu, wenn Sie für eine ungeeignete Stelle vorgeschlagen werden! Sagen Sie ›nein‹ zu einer Beförderung, wenn Sie das Gefühl haben, daß Sie überfordert werden. Sie können aber auch Ihren alten Job zurückverlangen, wenn Sie in Ihrem neuen unzufrieden sind. Oder hängen Sie den neuen Job einfach an den Nagel und suchen Sie sich woanders eine geeignetere Stelle.

Eine unzureichende Ausbildung ist oft der Grund dafür, daß viele Menschen nicht die Arbeit tun, die ihnen am meisten Spaß machen würde. Dabei gibt es doch ein riesiges Angebot an Fortbildungsprogrammen. Nehmen sie sich ein Herz, seien Sie Ihres eigenen Glückes Schmied!

Bei der Wahl eines auf Ihre Fähigkeiten und Bedürfnisse zugeschnittenen Berufs dürfen Sie aber nicht die allumfassende Wichtigkeit der *Selbsterkenntnis* außer acht lassen. Finden Sie Ihre Stärken und Schwächen heraus. Schauen Sie im Anhang nach, welchen der vier Sozialstile Sie bevorzugen und vergleichen Sie die für Sie geeigneten Berufskategorien.

Falscher Job

Wenn Sie einen solchen haben, bekommen Sie −80 Punkte. Tragen Sie ihre Punktzahl hier ein: ☐

Fehlentscheidung Nr. 9: Finanzielle Notlage –

Minus 90 Punkte

Der Börsenkrach von 1929 beweist: Finanzielle Krisen können zu Massenselbstmorden führen. Egal, ob Sie ganz plötzlich verarmt sind oder schon lange am Hungertuch nagen – wenn der Pleitegeier über Ihnen kreist, so kann das katastrophale Folgen haben. Aber auch zwischen diesen beiden Extremfällen lauert die finanzielle Notlage: Dann nämlich, wenn Sie zwar hart arbeiten und gut verdienen, jedoch aus mangelnder Weitsicht und Disziplin mit Ihrem Geld nicht richtig umgehen. Oft reicht es schon aus, fünf Prozent mehr oder weniger auszugeben als man verdient, um den feinen Unterschied zwischen finanzieller Sicherheit und materieller Not kennenzulernen.
Das Geld, das durch schlechtes Wirtschaften verlorengeht, könnte wesentlich sinnvoller in Anti-Streß-Maßnahmen (wie zum Beispiel Urlaub oder eine Haushaltshilfe) investiert werden. Ohne solche Streßreduktion werden Sie sich wahrscheinlich immer mehr im Kreis drehen und dadurch schließlich Ihre Gesundheit wie auch Ihren beruflichen Erfolg (= Verdienstmöglichkeiten) ruinieren.
Patienten, die mit Depressionen, Brust-, Magen- oder Kopfschmerzen zu mir kommen, befrage ich auch immer zu ihrer finanziellen Situation. Oft genug sind es nämlich materielle Probleme, die die Beschwerden auslösen. In solchen Fällen vermag ein guter Finanzberater mehr als der beste Arzt.

Finanzielle Not
Wenn Sie sich in Geldschwierigkeiten befinden, müssen Sie Ihr Streßkonto mit 90 Minuspunkten belasten. Tragen Sie die Punkte hier ein:

Fehlentscheidung Nr. 10: Labiles Zuhause, mangelnde Sozialkontakte

Minus 100 Punkte

Dies ist der Spitzenreiter unter den zur Schwächung der Streßresistenz führenden Fehlentscheidungen. Man denke nur an den typischen ›Workoholic‹, der in Zeiten größter Streßbelastung die eigene Familie in den hintersten Winkel seiner Aufmerksamkeit verbannt. Doch beachtet dieser fieberhaft an seiner Karriere arbeitende Mann nicht, daß eine solche Einstellung zum Ehestreit oder sogar zur Trennung führen kann, was sein Streßkonto noch stärker belastet. Außerdem zieht eine gespannte Familienatmosphäre noch eine ganze Reihe anderer Streßmomente nach sich, wie wir sie auf der Holmes-Rahe-Tabelle finden: So zum Beispiel vermehrte Ehekräche, die Flucht der Kinder aus dem Elternhaus, Schwierigkeiten mit der angeheirateten Verwandtschaft, veränderte Arbeitszeiten und -bedingungen, Veränderungen in den persönlichen Gewohnheiten, Ärger mit dem Chef, Umzug, verändertes Freizeitverhalten und sexuelle Probleme.

Wenn Sie Familie und Freunde in die hinterletzte Ecke Ihres Lebens verbannen, schwächen Sie damit nicht nur erheblich Ihre Widerstandskraft gegen Streßbelastungen aller Art, sondern schaufeln sich vielleicht ein frühes Grab. Denn es ist von allergrößter Wichtigkeit, daß Sie sich ein schützendes Sicherheitsnetz aus Beziehungen zu Familie, Freunden und sogar Haustieren zulegen, das Ihnen den Rücken stärkt. Wenn Sie nicht über einen solchen Background verfügen, werden Sie wahrscheinlich nicht lange genug leben, um die Früchte Ihres harten Schuftens genießen zu können. Vorher werden Sie sich selbst dermaßen heruntergewirtschaftet haben, daß die Qualität Ihrer Arbeit zu wünschen übrigläßt. Es gibt einige Menschen, die bewußt das Leben eines einsamen Wolfes wählen, doch erreichen sie in den seltensten Fällen ein hohes Alter. Sprengen Sie Ihre selbstgeschaffene Mauer der Unansprechbarkeit, lassen Sie sich von Ihren Nächsten anreden und berühren. Wenn Sie auf die Bedürfnisse anderer einzugehen lernen, werden letztlich auch Sie profitieren. In fast allen anderen Gesellschaften gehört die nicht-sexuelle Berührung zum normalen Sozialverhalten. Nur in den ach so zivilisierten Gesellschaftsformen wird sie noch immer mit Mißtrauen beäugt.

Labiles Zuhause und mangelnde Sozialkontakte
Wenn Sie ein solches Leben gewählt haben, bekommen Sie 100 Minuspunkte. Tragen Sie Ihre Punktzahl hier ein: ☐

Segensreiche Berührungen
In einem kürzlich durchgeführten Experiment sollte ein kleines Schulmädchen einigen Klassenkameraden zu Hause ein paar Gedichte vorlesen. Blutdruck- und Pulsfrequenzmesser wurden mit einem Aufzeichnungsgerät verbunden. Wie erwartet, trieb das Lampenfieber des Mädchens beide Parameter in die Höhe, und die Aufregung legte sich auch nicht während des Lesens. Als jedoch die Katze des Mädchens auf der Suche nach ein paar Streicheleinheiten auf den Schoß der Kleinen sprang und es das Tier geistesabwesend zu streicheln begann, kehrten sowohl Blutdruck als auch Pulsfrequenz schnell zum Normalmaß zurück. Daß dies eine allgemeine Wirkung der Berührung ist, wurde in ähnlichen Experimenten mit Erwachsenen und älteren Menschen bestätigt: Haustiere wirken tatsächlich streßmildernd.

Nun, wie haben Sie abgeschnitten?

Fehlentscheidungen	Mögliche Punktzahl	Ihre Punktzahl
1. Schlechte Erbanlagen	– 10	
2. Schlaflosigkeit	– 20	
3. Falsche Ernährung	– 30	
4. Übergewicht	– 40	
5. Unrealistische Ziele	– 50	
6. Gifte	– 60	
7. Rauchen	– 70	
8. Falscher Job	– 80	
9. Finanzielle Notlage	– 90	
10. Labiles Zuhause	–100	
Wenn Sie in allem und jedem die falsche Entscheidung getroffen haben, beträgt Ihre Gesamtpunktzahl: –550.	Ihre Gesamtpunktzahl:	

Jetzt haben Sie also Ihre Minuspunkte ermittelt. Denken Sie immer daran, daß das beste Ergebnis bei null Punkten liegt. Alles was über –10 hinausgeht, bedarf einer dringenden Veränderung. Sind Sie jetzt bereit, Ihre positiven Streßreaktionen auszuwerten, also die ›gute‹ Seite der Hanson-Skala in Angriff zu nehmen? Dann lesen Sie weiter . . .

Kapitel 4

Ihre persönliche Streß-Bilanz auf der Hanson-Skala

Zehn gute Entscheidungen in Ihrem Leben

Kommen wir nun nach eingehender Behandlung aller möglichen Fehlentscheidungen zum richtigen Verhalten bei Streß.

Diese zehn positiven Entscheidungen sind Grundlage und Geheimwaffe Ihrer Streß-Verteidigung. Mit ihnen sind Sie ebenso gegen eine Streßattacke gefeit wie ein Judokämpfer, der mit einer geschickten Körperdrehung einen Angreifer schachmatt setzt.

Die Streßreaktionen, die wir im Folgenden unter die Lupe nehmen, erfordern eine bewußte Entscheidung und eine ganze Menge Disziplin, wenn Sie die Zügel bisher schleifen ließen. Doch werden Sie spüren, daß diese wirklich positiven Reaktionen Ihnen bald in Fleisch und Blut übergehen werden und in Kürze ebenso natürlich erscheinen wie der Griff zur Zigarette. Denn die meisten Reaktionen, die ich empfehle, werden Ihnen Spaß machen. Mönchische Selbstverleugnung ist gewiß nicht erforderlich.

Am Ende der Rechnung stehen mehr und erfülltere Lebensjahre. Wenn Sie die positiven Streß-Strategien beherrschen, werden Sie merken, wie Sie unter Streß aufblühen und wie Ihr Leben durch Freude am Streß gewinnt.

Gute Entscheidung Nr. 1: Gute Erbanlagen

Obwohl dies die einzige Kategorie der Skala ist, auf die Sie keinen Einfluß ausüben können, ist sie doch wichtig genug, um hier Erwähnung zu finden. Doch sollten Sie sich durch den Besitz guter Erbanlagen ebensowenig in trügerischer Sicherheit wiegen wie sich durch schlechte Erbanlagen dazu veranlaßt sehen, stumm dazusitzen und auf das ›unvermeidbare Verhängnis‹ zu warten. Denn wenn all Ihre Vorfahren auf einem Bauernhof lebten und ein biblisches Alter erreichten, Sie aber als Stadtmensch von Termin zu Termin hetzen, dann sollten Sie nicht blind darauf vertrauen, daß sich die Langlebigkeit Ihrer Familie bei Ihnen fortsetzt. Wenn Sie andererseits aber versuchen, die positiven Aspekte des altväterlichen Landlebens mit der richtigen Wahl von Streßreaktionen zu kombinieren, dann kann Ihre gute Veranlagung sicherlich einiges zu einem erfüllten, langen Leben beitragen.

Wie auch immer, übertreiben Sie Ihre genealogischen Gesundheitsforschungen aber nicht. Denn wichtiger als der Blick in die Vergangenheit ist eine enge, allen Stürmen gewachsene Beziehung zu Ihren eigenen Nachkommen. Arbeiten Sie darauf hin, so lange zu leben, daß Sie die Pensionierung Ihrer Kinder noch kräftig mitfeiern können.

Gute Erbanlagen

Wenn Ihre Vorfahren ein gesegnetes Alter erreichten, geben Sie sich 10 Pluspunkte. Tragen Sie die Punkte hier ein: ☐

Gute Entscheidung Nr. 2: Sinn für Humor

Plus 20 Punkte

Wissenschaftliche Untersuchungen haben gezeigt, daß Gelächter den Endorphinspiegel im Körper erhöht. Die logische Folgerung: Lachen lindert Schmerzen und stärkt das Immunsystem.

Ein gewisser Norman Courius ging in die medizinischen Lehrbücher ein durch sein homerisches Gelächter angesichts einer Diagnose, die weniger ausgeglichene Gemüter in die Verzweiflung hätte treiben können. Nicht so Norman Courius! Er entwickelte eine wahre Leidenschaft, humoristisches Material aller Art zu sammeln, und lachte sich auf diese Art und Weise buchstäblich gesund. Denn Humor weckt die Lebensgeister und stärkt den Lebenswillen, ohne den jeglicher Gesundungsprozeß unendlich erschwert wird. Woher kommt wohl die gelöste Heiterkeit des Kinopublikums, das gerade eine zwerchfellerschütternde Komödie gesehen hat? Ganz einfach: Zwei Stunden lang durfte es seine Sorgen vergessen und hat ganz nebenbei ein wenig Gesundheit für den täglichen Umgang mit Streß getankt. Also nur kein Neid wegen der hohen Gagen für die Komiker! Denn durch die Lachanfälle, die ihre Auftritte hervorrufen, sehen Sie Ihre eigenen Probleme weniger verbissen. Sie bemerken, daß auch andere Menschen gegen die Tücke des Objekts kämpfen, daß Sie ganz einfach mit Ihren Problemen nicht allein dastehen. Eine beliebte Spielart des Humors basiert auf der Technik, daß sich das Publikum überlegen fühlen darf. Es soll sich über die Ungeschicklichkeit des Komikers, die typischen Eigenschaften von Schwiegermüttern oder über die Dummheit bestimmter Volksgruppen lustig machen. Doch liegt der größte Nutzen des Humors in der Fähigkeit, über sich *selbst* lachen zu können. Und wenn Sie das nicht fertigbringen, finden sich bestimmt zwanzig Freiwillige, die das bereitwilligst für Sie übernehmen.

Sinn für Humor
20 Pluspunkte, wenn Sie das Leben lachend meistern. Tragen Sie Ihre Punktzahl hier ein: ☐

Gute Entscheidung Nr. 3: Die richtige Ernährung

Plus 30 Punkte

Die vier Grundsteine für die beste Ernährung bei Streß sind:

1. Naturbelassenheit (so wenig Zusatzstoffe wie möglich).
2. Die richtige Kalorienzufuhr, durch die Sie Ihr Idealgewicht halten können.
3. Langsames Essen mit Genuß.
4. Ausgewogenheit (s. Kapitel 5).

Das bedeutet im einzelnen:

- 50 Prozent Kohlenhydrate, davon höchstens 10 Prozent in Form von Zucker, den Rest als Nudeln, Reis, Vollkornbrot und Frühstücksflocken.
- 30–35 Prozent Fett, sowohl mehrfach ungesättigter wie gesättigter Natur, zum Beispiel Salatöl, Eier, Butter, Margarine, Käse.
- 15–20 Prozent Protein (je nach Alter), zum Beispiel Milchprodukte, Fleisch, Gemüse.

Früher ging die Ernährungswissenschaft davon aus, daß eine eiweißreiche Kost die beste Ernährung für Streßzeiten darstellt. So bekamen Boxer vor dem Kampf fast immer ein großes Steak vorgesetzt. Heute weiß man jedoch, daß es sinnvoller ist, bei Streß weniger Protein, dafür mehr Kohlenhydrate und Fett zu sich zu nehmen. Denn eine solche Gewichtung kann Ihre effektive Energie und Leistungsfähigkeit mehr als verdoppeln.

- 50 g Ballaststoffe, zum Beispiel Bohnen, Weizenkleie, Müsliriegel, ballaststoffreiches Brot.
- Ausreichend Vitamine und Mineralstoffe, die Sie entweder aus Ihrer täglichen Nahrung beziehen oder – da dies oft ziemlich unrealistisch ist – als Vitamin-Mineralstoff-Pille einmal täglich zu sich nehmen (s. Anhang).
- Acht Gläser Wasser am Tag. Wenn Sie der Qualität Ihres Leitungswassers mißtrauen, greifen Sie auf Mineralwasser zurück.

Doch wie sollte eine solch ausgewogene Diät im Alltag aussehen? Am Anfang eines streßreichen Arbeitstages ist möglichst auf ein schweres Frühstück mit hohem Fett- und Zuckeranteil zu verzichten. Beginnen Sie den Tag lieber mit einem *ausgewogenen* Frühstück, das zu 50 Prozent aus Kohlenhydraten (Vollkornbrot, Frühstücksflocken) bestehen sollte. Eiweiß und Fette sollten zu gleichen Teilen den Rest der ersten Mahlzeit ausmachen (Milch, Butter, Eier). Bei manchen Ausdauer-Sportarten, wie dem Marathonlauf, ist es gang und gäbe, daß die Athleten sich einige Tage vor dem Wettkampf bevorzugt von Kohlenhydraten ernähren. Denn das erhöht die Glykogen-Energievorräte in den Muskeln. Doch ist ein solches ›Batterieaufladen‹ bei normalem Alltagsstreß überflüssig. Hier ist die ausgewogene Diät die sinnvollere Entscheidung.

Achten Sie bei jeder weiteren Mahlzeit auf dieses Prinzip der Ausgewogenheit. Vermeiden Sie vor allem das typische ›Spesen-Mittagessen‹. Denn die oft mit Alkohol kombi-

Immer schön langsam: Das Essen ist kein Wettrennen!

Wie wir gesehen haben, reagiert der Magen auf Streß mit einer Totalblockade. Und jedes schlecht gekaute, hastig hinuntergeschluckte Essen sitzt dann mehrere Stunden unter Ihrem Brustkorb wie in einer hermetisch verschlossenen Blechbüchse.

Wir alle wissen, daß es zum guten Ton gehört, langsam zu essen. Doch wer käme sich nicht kindisch vor, wenn er jeden Bissen wirklich zehnmal kauen würde, wozu ihn seine Mutter stets ermahnte? Als Ergebnis vieler Patientengespräche habe ich die folgenden ›Erwachsenen-Tips‹ für ein langsames Essen zusammengestellt:

- Setzen Sie sich.
- Versuchen Sie, Ihr Essen zu kauen, bevor Sie es hinunterschlucken.
- Warten Sie, bis der Kellner sich entfernt hat, bevor Sie sich auf Ihren Teller stürzen.
- Halten Sie Ihr Besteck nicht im Würgegriff – niemand wird es Ihnen wegnehmen.
- Schneiden Sie Ihr Fleisch in mehr als zwei Stücke.
- Vergessen Sie nicht, die Alu-Folie von Ihrer Backkartoffel zu entfernen, bevor Sie sie verzehren.
- Atmen Sie zwischen zwei Bissen.
- Fangen Sie beim Essen einen Streit an oder erzählen Sie einen Schwank aus Ihrer Jugend: Wer viel redet, ißt langsamer.
- Versuchen Sie niemals, zu Break-dance-Musik zu essen.
- Seien Sie unterwürfig – denken Sie sich zwischen zwei Bissen die albernsten Komplimente für Ihre Gastgeberin aus.

nierte Kalorienbombe ist meist derart unausgewogen, daß sie wie ein Mühlstein im Magen liegt.
Das Resultat: Der Körper ist nach einem solchen ›Arbeitsessen‹ von Kopf bis Fuß auf Nickerchen eingestellt. Von Erholung – der eigentliche Sinn der Mittagspause – keine Spur! Und wenn der Vormittag so richtig streßig war, dann hat die Abriegelung des Magens vom Rest des Verdauungstrakts (s. Kapitel 2) die unangenehme Folge, daß das schwere Essen stundenlang im Magen liegt. An solchen Tagen wäre es also besser, morgens und abends mehr zu essen und dafür auf ein Mittagessen ganz zu verzichten.
Sie können Ihre Gesamtkalorienzahl ansonsten nach Belieben auf den ganzen Tag verteilen. Doch sollten Sie schwere Mahlzeiten mindestens drei Stunden vor dem Schlafengehen meiden, da Sie andernfalls mit Schlafstörungen und Magen-Darm-Beschwerden rechnen müssen.

Die richtige Ernährung
30 Pluspunkte, wenn Sie sich richtig ernähren. Tragen Sie Ihre Punktzahl hier ein: ☐

Gute Entscheidung Nr. 4: Streßabwechslung

Plus 40 Punkte

Wenn Sie täglich im extremen Streß-Kreuzfeuer stehen, reicht es nicht aus, sich abends hinzulegen und die Decke anzustarren oder ›Programm-Hüpfen‹ mit dem Fernseher zu spielen. Denn im Geiste kauen Sie immer noch die Probleme des Tages durch, wodurch sich der Tagesstreß noch bis tief in die Nacht fortsetzt. Im Jahr 1960 durchgeführte Experimente über sensorischen Entzug zeigten, daß Testpersonen (in diesem Fall Studenten) es trotz einer Bezahlung von 20 Dollar täglich nicht länger als zwei bis drei Tage ohne Aktivitäten im Bett aushielten. Der übergangslose Wechsel von *zuviel* auf *zuwenig* Streß wirkte offensichtlich wie ein Sprung aus dem Regen in die Traufe. Besser und entspannender ist es, sich nach einem anstrengenden Tag mit andersgearteten Streßsituationen zu umgeben. Dieser ›Feierabendstreß‹ sollte ebenfalls Ihre volle Konzentration beanspruchen, sich dafür aber aus anderen Bereichen Ihres Körpers und Gehirns speisen. Der unbestreitbare Gesundheitswert solch streßiger Hobbies, wie Achterbahnfahren, Bergsteigen, Wildwasserfahren, Fallschirmspringen, Squash und Surfen, liegt in der Reduktion des Alltagsstresses: Wenn Sie sich einer solchen Aktivität verschreiben, dann sind Sie gezwungen, Ihren Routinestreß total aus Ihrem Bewußtsein zu verbannen. Die Streßabwechslung für Ihren *Geist* können Sie ruhig im Sitzen absolvieren, sei es durch Musikhören, Lesen oder Handarbeiten. Doch sollten Sie mindestens drei Stunden pro Woche für *körperliche* Streßabwechslungs-Aktivitäten einplanen. (Aus diesem Grund betreiben Schach-Großmeister seit kurzer Zeit nebenher intensives Krafttraining.)

Der springende Punkt ist, daß Ihr Feierabendstreß wirklich eine Abwechslung darstellt. So wäre es zum Beispiel der größte Humbug, wenn ein Tennisprofi sich noch abends die Zeit mit Aufschlägen und Volleys vertreiben würde. Eine solche Wahl der Freizeitaktivität führt gewiß nicht zur ersehnten Streßreduktion, die – wie gesagt – nur durch das Anzapfen *anderer* Regelkreisläufe zu erreichen ist. Das geeignete Streßventil für unseren Tennisspieler bestünde zum Beispiel darin, die Mysterien des Finanzmanagements zu erforschen oder ein wenig mit dem Aktienmarkt zu spielen. Ein Finanzgenie oder Börsenmakler dagegen sollte sich abends eher auf dem Tennisplatz tummeln, als weiter mit Aktienkursen zu jonglieren.

Ein anderer wichtiger Aspekt ist der Zusammenhang von Streßabwechslung und Lebenserwartung. Wenn Sie sich nicht beizeiten eine Freizeitaktivität aussuchen, kann es nämlich sehr leicht dazu kommen, daß Sie nach Erreichen des Rentenalters jegliches Interesse am Leben verlieren. Daß ein solcher Streßmangel fatale Folgen nach sich ziehen kann, habe ich in der Einführung geschildert. Doch auch in jedem anderen Lebensalter kann das Nichtvorhandensein von körperlich-geistiger Stimulation zu Senilität führen. Denn tödliche Langeweile ist nicht nur das zweifelhafte Privileg des Alters, was ein jeder, der schon einmal auf einer Cocktail-Party war, bestätigen kann.

Körperliche Belastung selbst ist von allergrößter Bedeutung. Wenn Ihr Job nicht das erforderliche Maß an physischer Anstrengung gewährleistet, dann sollten Sie sich in Ihrem Feierabendstreß austoben. Ihr Körper ist nur so lange das wunderbare Instrument, wie die Muskeln durch genügend Übung ihre Elastizität, Form und Funktionstüchtigkeit behalten. So ist die Herzfunktion eines Siebzigjährigen, der sich sein ganzes Leben lang fit gehalten hat, erwiesenermaßen besser als bei einem untrainierten Zwanzigjährigen. Wenn Sie Ihre sportlichen Pläne auf das Rentenalter verschieben, haben Sie dadurch zwar immer noch gute Chancen, die Herzfunktion eines Vierzigjährigen in den Schatten zu stellen, doch ist es unbestreitbar besser, das ganze Leben fit und in Form zu bleiben.

Die Fitness-Frage ist aber nicht nur ein Erwachsenenproblem. Die körperliche Degeneration setzt meist schon im Alter von sechs Jahren ein, sobald der ›wohlorganisierte Schulalltag‹ das Kinderleben bestimmt. Diese Kinder kommen in den seltensten Fällen in den Genuß regelmäßiger sportlicher Aktivitäten und entwickeln statt dessen allzu oft eine Leidenschaft für sitzende Beschäftigungen, wie Fernsehen oder Computerspiele. Wir dürfen einfach nicht vergessen, daß eine gute körperliche Verfassung nur durch lebenslange sportliche Betätigung, die im Kindesalter einsetzen muß, zu erreichen ist. Wenn Sie die Bedürfnisse Ihres Körpers bisher ignoriert haben, sollten Sie sich nicht kopfüber in ein Marathon-Sportprogramm stürzen. Konsultieren Sie vorher auf jeden Fall Ihren Arzt und befolgen Sie seine Empfehlungen hinsichtlich Diät, Rauchen, Sportart und Ihres allgemeinen Lebensstils.

Sinnvoll abgestimmte Übungsprogramme, wie sie von *seriösen* Fitness-Clubs angeboten werden, sind sicherlich ein guter Anfang. Dort wird Ihr Puls nach jeder Übung kontrolliert, und es wird darauf geachtet, daß Sie sich nicht übernehmen. Doch hüten Sie sich vor den vielen unseriösen Club-Angeboten, die bei schlechter Betreuung nur darauf aus sind, Sie für eine lebenslange Mitgliedschaft zu ködern. Fragen Sie Ihren Arzt – er wird Ihnen einen guten Club in Ihrer Nähe nennen können.

Hüten Sie sich aber auch davor, nach jahrelanger Sport-Abstinenz ohne Anleitung und ohne Begleitung in sporadisch aufflackernde Jogging-Manie zu verfallen. Denn solche Anfälle können böse ins Auge gehen. Ebenso riskant sind Wettkampf-Sportarten, bei denen Mann gegen Mann steht (Tennis, Squash), wenn der Ungeübte, vom Ehrgeiz zerfressen, unbedingt als Sieger hervorgehen will und bis zur totalen Erschöpfung hinter dem Ball herjagt. Solch ein Wiedereinstieg in den Sport endet – vor allem bei Typ-A-Persönlichkeiten (s. Kapitel 8) – nur allzu oft als Herzinfarkt auf der Intensivstation.

Wenn Sie sich dennoch auf eigene Faust in Form bringen

wollen, lassen Sie sich von Ihrem Arzt zeigen, wie Sie Ihren Puls richtig kontrollieren. Bis Sie die optimale Fitness erreicht haben, sollten Sie Ihren Puls nicht höher als 180 Schläge minus Ihr Lebensalter treiben. Zum Procedere der Pulskontrolle würde ich vorschlagen, daß Sie Ihren Puls am Handgelenk oder an der Halsschlagader sechs Sekunden lang auszählen und dann eine Null dranhängen. Bei erhöhtem Puls ist es nämlich schwierig, sich bei einer ganzen Minute nicht zu verzählen.

Tägliche Dehn- und Lockerungsübungen sind ebenfalls von großer Wichtigkeit, und keine Sportart sollte ohne sie in Angriff genommen werden; denn nichts ist verletzungsträchtiger, als sich unaufgewärmt mit steifen Muskeln in das sportliche Wagnis zu stürzen. Fangen Sie *heute* damit an. Wenn Sie diese Übungen auf die Zeit nach der Pensionierung verschieben, ist es gut möglich, daß Sie – aufgrund altersbedingter Veränderungen in den Sehnen – nicht den gewünschten Effekt erzielen.

Jugendliche sollten mit Sportarten beginnen, die sie ihr ganzes Leben lang treiben können, etwa Skifahren, Wassersport, Tennis, Radfahren, Jogging oder Aerobic. Mannschaftssportarten sind der Wunschtraum so mancher Teenager, doch können sie zu schweren Verletzungen führen. Auch sind solche sportlichen Aktivitäten nach Beginn der beruflichen Laufbahn nur schwer zu realisieren. Es ist immer einfacher, als Erwachsener einen Tennispartner zu finden, als ad hoc eine Fußballmannschaft zusammenzutrommeln.

Streßabwechslung

40 Pluspunkte, wenn Sie qualitativ verschiedene Streßroutinen haben. Tragen Sie Ihre Punkte hier ein: ☐

Gute Entscheidung Nr. 5: Realistische Ziele

Plus 50 Punkte

Wie wir gesehen haben, können unrealistische Ziele durch ihr immanentes Wertesystem dazu führen, daß Sie sich Zeit Ihres Lebens als Versager fühlen. Es ist daher überaus wichtig, daß Sie sich klare, für Ihre Person realistische Ziele setzen. Dadurch rückt ein glückliches, ausgefülltes Leben in greifbare Nähe. Ohne allzu sehr in die Tiefen der Psychologie abtauchen zu wollen, möchte ich dennoch feststellen, daß eine realistische Zielsetzung nicht ohne eine korrekte Selbsteinschätzung erfolgen kann. Schauen Sie also im Anhang A nach, welchem Sozialstil-Quadranten Sie sich am ehesten zuordnen lassen. Wenn Sie ein kontaktfreudiger Mensch sind, der gerne im Mittelpunkt steht, dann sollten Sie Ihr Lebensglück nicht gerade darin suchen, daß Sie für den Rest Ihres Lebens eine Maschine in einem abgeschlossenen Raum bedienen. Ebenso sollte ein analytisch ausgerichteter Charakter, der nicht gerne im Rampenlicht steht, seine beruflichen Möglichkeiten gemäß seiner psychischen Vorgaben ausloten.

Lassen Sie Realismus aber auch in Ihren finanziellen Zielsetzungen walten. Bei der Planung materieller Anschaffungen ist es auf jeden Fall besser, die voraussichtlichen Einkünfte eher zu niedrig als zu hoch einzuschätzen. Machen Sie sich ebenfalls bewußt, wieviel Zeit Sie in Ihre Arbeit zu investieren gedenken und wieviel Zeit Ihr Privatleben mit Freunden und Familie in Anspruch nehmen soll. So ist es zwar durchaus möglich, rund um die Uhr zu arbeiten und sich nach zehn Jahren zur Ruhe zu setzen, doch ist dies sicherlich nur auf Kosten Ihres Familienlebens zu realisieren. Arbeiten Sie also einen realistischen Stundenplan aus und stecken Sie frühzeitig die Ziele, die Sie erreichen wollen, ab. Berechnen Sie im voraus, was Sie in einem, drei oder fünf Jahren geschafft haben möchten. Wenn Sie dabei realistisch vorgehen, steigen überdies Ihre Chancen, dem Streß erfolgreich die Stirn zu bieten.

Realistische Ziele
50 Pluspunkte, wenn Ihre Lebensziele realistisch sind. Tragen Sie Ihre Punktzahl hier ein: ☐

Gute Entscheidung Nr. 6: Den Streß und seine Auswirkungen begreifen

Plus 60 Punkte

Nach Lektüre dieses Buches werden Sie anderen gegenüber den wichtigen Vorteil genießen, daß Sie wissen, wie Sie Ihren Streß im Zaum halten können. Dazu gehört, daß Sie sich mit Ihren Körperreaktionen auskennen, den Sie umgebenden Streß identifizieren und korrekt handhaben können. So sind Sie bestmöglich für den Kampf gegen den Streß gerüstet. Ohne dieses Wissen könnten Sie durch einen dummen Zufall in ein viel zu frühes Grab tappen. Natürlich nützt ihnen Ihr Verstehen nichts, wenn Sie es nicht in die Praxis umsetzen. Aus diesem Grund ist es so wichtig, von Freunden und Familie umgeben zu sein, die ebenfalls die Prinzipien der Streßbewältigung verstehen und Sie wieder auf den richtigen Weg bringen, wenn Sie sich einmal verirrt haben.

In den dreißiger Jahren waren die lebensbedrohenden Gefahren des Rauchens noch weitgehend unbekannt. Zigaretten wurden damals als harmloses Requisit einer stilvollen Pose angesehen, wodurch ihnen viele Menschen ahnungslos zum Opfer fielen. Doch heute wissen wir besser über die physiologischen Vorgänge und die Risiken Bescheid, und dank dieser Kenntnisse können wir durch Rauchverzicht die Gesundheitsschäden und den möglicherweise frühen Tod abwenden. Auch andere Feinde der Gesundheit konnten dingfest gemacht werden. Und da Sie nach der Lektüre dieses Buches wissen, wo die Fallgruben zu suchen sind, können Sie sie beruhigten Gewissens umgehen.

Den Streß begreifen
60 Pluspunkte, wenn Sie die Streßmechanismen verstehen. Tragen Sie die Punkte hier ein: ☐

Gute Entscheidung Nr. 7: Entspannungstechniken und gesunder Schlaf

Plus 70 Punkte

Können Sie sich entspannen, wenn Sie unter Druck stehen? Wenn nein, lernen Sie, wie Sie jederzeit ein ›Kraft-Nickerchen‹ einlegen können.
Wenn Sie in Ihrem Beruf viel lesen müssen, werden Sie sicherlich schon einmal einen Kurs im Schnellesen in Erwägung gezogen haben. Ebenso nützlich und hilfreich ist es, im schlimmsten Streß-Bombardement ein kurzes, kraftspendendes Nickerchen einlegen zu können. Die meisten Leute finden in einem zweiwöchigen Urlaub die nötige Entspannung, viele andere am Wochenende und einige sogar jeden Abend. Aber wer kann schon an den stressigsten Tagen bis zehn zählen, dabei einen Augenblick in tiefer Entspannung zubringen und dann erfrischt mit neuen Kräften aufwachen? So funktioniert das *Kraft-Nickerchen,*

und ich werde Ihnen die Techniken zur Tiefenentspannung beibringen.
Das bedeutet nicht, daß Sie sich unbedingt mitten am Tag in einen so tiefen Schlaf versetzen sollen, daß kein Bombeneinschlag imstande ist, Sie zu wecken. Sie sollten aber zumindest lernen, Ihre Puls- und Atemfrequenz zu senken und dadurch die natürlichen körperlichen Streßreaktionen wettzumachen. Vergegenwärtigen Sie sich eine Situation oder Vorstellung, die Sie als entspannungsfördernd empfinden: Sie könnten sich zum Beispiel für ein paar Sekunden auf einen palmengesäumten Strand versetzen und den warmen Sand durch Ihre Finger rinnen lassen. Wenn Sie dann bis null zurückzählen, tauchen Sie vollkommen erfrischt wieder in der Realität auf. Andere Menschen finden Entspannung, wenn Sie ein paar Sekunden die Augen schließen und sich einen Druckregler vorstellen, der auf ›hoch‹ geschaltet ist. Im Geiste drosseln sie dann den Druck so weit, daß sie kraft dieser Selbsthypnose-Technik Pulsfrequenz und Blutdruck effektiv senken können.
Vielleicht beherrschen Sie schon einige der Techniken, die wie auf Kommando zur Entspannung führen. Möglicherweise kennen Sie die entspannende Wirkung von Aktivitäten wie Yoga, Meditation, Gymnastik oder Musikhören. Wenn Ihre derzeitige Streßbelastung aber sogar die Möglichkeiten dieser Techniken übersteigt, dann sollten Sie Ihren größten Trumpf ausspielen: das *Kraft-Nickerchen.*
Wenn Sie die Technik richtig beherrschen, können Sie überall und jederzeit ein kraftspendendes Nickerchen einlegen. Es ist in der Lage, Ihrem Körper selbst an Tagen mit geballtem Streß ein paar Augenblicke totaler Entspannung zu schenken. Die Entspannung geht sogar so tief, daß Ihr Kinn dabei auf die Brust sinkt. Doch auch Ihr Geist findet dabei soviel Ruhe, daß er keine Geräusche und andere

Streßquellen mehr wahrnimmt. Wenn Sie fleißig üben und sich eventuell noch von einem Hypnotiseur anlernen lassen, dann können Sie auf diese Weise innerhalb weniger Minuten Ihre Batterien vollkommen neu aufladen und die Abnutzung Ihrer körperlichen und geistigen Schaltkreise nachhaltig verhindern. Diese Techniken sind auch eine enorme Einschlafhilfe.

Erfrischender Schlaf

Wie wir vorhin festgestellt haben, ist ein gesunder Schlaf von allergrößter Bedeutung. Das heißt nicht, daß Sie jede Nacht unbedingt acht Stunden in Morpheus' Armen zubringen müssen, sondern daß Sie auf die Stundenzahl kommen, die Sie für den Streß des nächsten Tages benötigen. Ideal wäre es, wenn Sie die erforderliche Mütze Schlaf nachts an einem Stück nehmen könnten, doch fahren viele Menschen auch gut mit kürzeren Nickerchen am Tag. Egal, welchem Stil und welcher Dauer Sie den Vorzug geben, ein gesunder, erfrischender Schlaf ist essentiell für die Verbesserung Ihrer Streßresistenz. Sollten Sie zu den Glücklichen gehören, die nicht mehr als vier bis fünf Stunden Schlaf pro Nacht brauchen, freuen Sie sich über die zusätzlichen aktiven Stunden. Verschwenden Sie sie nicht, indem Sie im Bett liegen bleiben und so tun, als ob Sie noch in tiefsten Traumregionen weilten.

Entspannungstechniken und gesunder Schlaf
70 Pluspunkte, wenn Sie darüber verfügen. Tragen Sie Ihre Punktzahl hier ein: ☐

Einschlaf-Strategien

1. Versuchen Sie, jeden Abend zur selben Zeit zu Bett zu gehen, möglichst eine halbe Stunde vor Ihrer Schlafenszeit.
2. Ihr Bett ist kein Arbeitstisch. Wenn Sie Schreibkram zu erledigen haben, setzen Sie sich ordentlich an Ihren Schreibtisch. Denn wenn Sie sich zwingen, im Bett wachzubleiben, zementieren Sie damit schlechte Schlafgewohnheiten.
3. Gewöhnen Sie sich an einen warmen Nachttrunk (natürlich ohne Alkohol oder Koffein). Heiße Milch ist eine ideale Einschlafhilfe. Auch ein warmes Entspannungsbad hilft.
4. Lassen Sie Ihre Arbeitsprobleme im Büro. Lassen Sie Ihre häuslichen Probleme vor der Schlafzimmertür.
5. Kaufen Sie sich die beste und bequemste Matratze. (Veranstalten Sie nötigenfalls ein Probeliegen in allen Bettengeschäften Ihrer Stadt, wenn Sie sich nicht sicher sind.) Ein Unterbett aus Schafsfell sowie ein bequemes Daunenkopfkissen sorgen aber bei jedem Bett für guten Schlafkomfort.
6. Legen Sie Wert darauf, daß Geräuschpegel und farbliche Ausstattung Ihres Schlafzimmers gedämpft sind.
7. Nutzen Sie die ›Kraft-Nickerchen-Entspannungstechnik‹, um Atem- und Pulsfrequenz zu verlangsamen und schnell einzuschlafen.
8. Versuchen Sie, Ihren Streß erfolgreich zu bewältigen. Wenn Sie Ihren Körper und den Alltagsstreß gut im Griff haben, werden Sie auch besser schlafen. Lesen Sie, was in Kapitel 9 über Erfolgstechniken steht.

Kraft-Nickerchen: Wie geht das?

Die Vorstellung, sich hypnotisieren zu lassen, ruft bei vielen Menschen Unbehagen, wenn nicht gar Angst hervor. Sie glauben, daß sie dadurch – ähnlich wie bei einem LSD-Trip – die Kontrolle über ihren Geist verlieren.

Doch diese Furcht ist unbegründet: Hypnose ist nicht nur vollkommen harmlos, sondern auch ein wunderbares Instrument, mit dem Sie die Kontrolle über Ihren Geist steigern können. So ist sie auch ein starker Bundesgenosse bei der Bewältigung von Streß.

Die folgenden Sätze sind typisch für eine Hypnosesitzung mit einem professionellen Hypnotiseur:

Lehnen Sie sich zurück, machen Sie es sich bequem.
Ihre Lider werden schwerer und immer schwerer . . .
Während Sie meiner Stimme lauschen, fühlen Sie, wie sich Ihr Körper spürbar entspannt . . .
Ich zähle jetzt von eins bis zehn . . .
und währenddessen . . . stellen Sie sich vor, daß Sie mit einem Fahrstuhl hinunter zu einem privaten Ort voller Frieden und Ruhe fahren . . .
Eins . . .
Sie setzen sich in Bewegung . . . Lassen Sie das Gefühl der Entspannung durch Ihre Kopfhaut fließen . . . durch Ihr Gesicht . . . durch Ihren Hals . . .
Zwei . . .
Sie fahren weiter hinab . . . immer entspannter . . . hinunter zur Ruhe . . .
Drei . . .
Ihre Arme und Hände sind entspannt . . . Sie atmen ruhig . . .
Vier . . .
Mit jedem Atemzug werden Sie entspannter . . . Sie nähern sich Ihrem speziellen Ort . . . ohne Streß und Spannungen . . .

Fünf ...
Immer tiefer mit dem Fahrstuhl ... Die Spannung in Ihrem Magen löst sich ... Sie sind immer entspannter ... ruhiger ... Sie fühlen sich wohl ...
Sechs ...
Sie gehen tiefer ... Lassen Sie Ihre Sorgen zurück ... Ihre Gesäß- und Oberschenkelmuskeln entspannen sich ...
Sieben ...
Beine und Füße entspannen sich ... bis ganz nach unten ... zu Ihren Zehenspitzen ...
Acht ...
Sie reisen tiefer hinab ... zu Ihrem speziellen Ort ... Sie sind ganz ruhig ... ganz entspannt ...
Neun ...
Sie sind fast da ... Sie lassen sich tiefer sinken ...
Zehn ...
Die Fahrstuhltüren öffnen sich ... Sie treten ein in Ihren Ort der Ruhe und Streßfreiheit ... Genießen Sie das Gefühl ... es erfüllt jede Faser Ihres Körpers ... Lassen Sie sich eine kurze Zeit in diesem Gefühl treiben ... und wenn Sie damit fertig sind ... fahren Sie mit dem Fahrstuhl wieder nach oben ... Sie bringen dieses Ruhegefühl mit sich ...
Bis hinauf zu Ihrem Wachbewußtsein ... Sie sind erfrischt und entspannt ...*
Wenn Sie die Wirkung dieser Sätze noch intensiver erfahren wollen, sollten Sie vielleicht einen Freund bitten, daß er sie Ihnen vorliest. Sie können sie natürlich auch auf Kassette sprechen. Dabei sollten Sie darauf achten, daß Sie langsam und gleichmäßig lesen und daß Sie zwischen den Zeilen ein paar Sekunden pausieren. Diese Autosuggestion ist natürlich nur ein Musterbeispiel und ersetzt die individuell ausgearbeitete, professionelle Hypnose nicht.

* Mit freundlicher Genehmigung von Dr. Steven Cranford, Hypnotherapie-Vereinigung, Toronto, Canada

Ein amüsanter Exkurs: Die Tücken der Selbsthypnose

Vor nicht allzu langer Zeit flog ich mit der Air France nach Monte Carlo, um dort einen Vortrag über Streß zu halten. Das Flugzeug nach Paris war gerammelt voll mit nordamerikanischen Geschäftsleuten, die fast ausnahmslos zu meinem Publikum gehören sollten. Ich saß eingekeilt zwischen einer kürzlich verwitweten Französin und meiner Frau, die im achten Monat schwanger war. Die ersten drei Flugstunden brachte ich damit zu, abwechselnd meine Frau und die Witwe zu trösten. Zwei Stunden vor unserer Ankunft in Paris schliefen sie endlich ein. Ich aber saß putzmunter in dem verdunkelten Flugzeug.
Dies machte mir aber nichts aus, denn ich hatte ein hervorragendes ›Schlafmittel‹ dabei: Eine Woche vor dem Flug hatte mich ein Kollege hypnotisiert und dabei ein Aufnahmegerät laufen lassen. (Es gab – wie mir meine Frau, die leidgeprüfte, versicherte – jedoch zwei Probleme, wenn ich das Hypnose-Protokoll zum Einschlafen benutzte: Ich schnarchte jedesmal trommelfellerschütternd und zappelte wie ein Fisch an der Angel.) Ich steckte mein Glas Eiswasser also in den dafür vorgesehenen Plastikring an der Rücklehne meines Vordermannes und holte mit einem listigen Grinsen meine ›Geheimwaffe‹ hervor: das Hypnoseband, Kassettenrekorder und Kopfhörer. Kurz darauf schlief ich tief und fest.
Zehn Minuten später wurde ich Morpheus' Armen jäh entrissen. Der Grund: Ich saß in einer eiskalten Wasserpfütze. Offensichtlich hatte ich im Schlaf mit dem rechten Knie gezuckt und das Wasserglas aus seiner Halterung katapultiert. Dabei hatte ich es fertiggebracht,

meine französische Sitznachbarin mit einem kräftigen Guß zu ›segnen‹. Sie sprang auf, schrie um Hilfe und nach einer Schwimmweste – offensichtlich in dem Irrglauben, daß das Flugzeug notwassern mußte.
Ich überschüttete sie mit Entschuldigungen und floh dann in Richtung Toilette. Dabei bedeckte ich mit einer Zeitung die durch Wasserflecken verdunkelten ›delikaten‹ Zonen meiner hellgrauen Hose. Natürlich hatten sich vor sämtlichen Toilettentüren Schlangen gebildet. Als ich endlich an die Reihe kam, war guter Rat teuer: Ein Handlufttrockner fehlte, und die Papierhandtücher hätten meine durchweichte Hose nie im Leben (und schon gar nicht bis Paris) trockenlegen können. In einer streßgeborenen genialen Eingebung zog ich schnell die Hose aus, stellte mich auf den Toilettensitz und hielt meine nassen Beinkleider unter den mageren Luftstrom der Frischluftdüse.
Nach vierzig anstrengenden Minuten wollte ich mich gerade wieder korrekt gewanden, als ich zu meinem Entsetzen bemerkte, daß meine Boxershorts noch völlig durchnäßt waren: Ein Modell, übersät mit roten Herzen – das Gag-Geschenk einer alten Freundin. Wieder stellte ich mich auf den Toilettensitz, die Hosen über dem Arm und große rote Herzen über meinem Kopf.
Da entstand in der (nunmehr sehr langen) Warteschlange vor der Toilette Unruhe. Mit einem ungeduldigen Schrei, der nur der Qual durch eine überfüllte Blase entstammen konnte, wurde die Tür plötzlich aufgestoßen. Dem Eindringling fielen bei dem Schaupiel, das ich ihm bot (›Mond über der französischen Küste mit Herzen‹) fast die Augen aus dem Kopf – und ich war bei meiner Ankunft in Paris total erschöpft.

Gute Entscheidung Nr. 8: Gründliche Berufsvorbereitung

Plus 80 Punkte

Gründliche Vorbereitung auf den Beruf ist unerläßlich, um dem dort anfallenden Streß gewachsen zu sein. Bei richtiger Berufswahl sollten Ihre Kenntnisse und Fähigkeiten optimal zum Einsatz kommen. Zudem ist es wichtig, daß Sie Ihren persönlichen Standort auf der Streßkurve (s. Seite 14) feststellen, damit Sie guten Gewissens ›ja‹ zu einem Mehr an außerplanmäßigen Aktivitäten sagen können, wenn dies Ihre Leistungskraft noch steigern könnte, oder eben auch ein klares ›Nein‹, wenn Ihr Leistungsvermögen durch Streßüberfrachtung zu sinken droht.

Wenn Sie dieses Vorwissen nun noch mit einer optimalen Vorbereitung auf die aktuellen täglichen Aufgaben verbinden, bekommen Sie den Streß, mit dem Sie konfrontiert werden, hervorragend in den Griff. Durch gründliche Vorbereitung wird Ihnen Ihre Arbeit auch gleich viel mehr Spaß machen. Denn ebenso wie eine Generalprobe die schauspielerische Leitung bei der Premiere erhöht, kann eine ›Streß-Generalprobe‹ Ihnen bei der Bewältigung der täglichen Anforderungen eine unschätzbare Hilfe sein. Man vergegenwärtige sich nur das unterschiedliche Streßniveau von Studenten, die eine Klausur schreiben: Die schlecht vorbereiteten schwitzen Blut und Wasser, wohingegen diejenigen, die genug gearbeitet haben, den Kitzel der Streß-Situation genießen.

Die Qualität der Vorbereitung nimmt noch zu, wenn sie mit der Fähigkeit zur ›positiven Visualisierung‹ einhergeht. Hundertfach bewährt hat sich diese Psycho-Technik im Sportsektor: Zeigt man zum Beispiel einem Hochspringer Filmaufzeichnungen seiner besten Sprünge, so wird dieses

›visuelle Training‹ seine Sprungtechnik erheblich verbessern und zu Leistungen führen, die nicht hätten erreicht werden können, wenn man ihn statt dessen auf seine Fehler aufmerksam gemacht hätte.
Eine kürzlich durchgeführte Studie untermauert diese Trainingserfahrung. Eine Basketballmannschaft wurde in drei Gruppen aufgeteilt: Die erste trainierte wie üblich die Bewegungsabläufe von Freiwurf und Korbleger. Die zweite Gruppe absolvierte am anderen Spielfeldende das gleiche Training – nur ohne Ball, das heißt, in der Pantomime. Die dritte Gruppe saß dabei die ganze Zeit am Spielfeldrand. Klar, daß bei der letzteren keine Verbesserung zu verzeichnen war. Doch wirklich erstaunlich war, daß die beiden anderen Gruppen den gleichen Trainingseffekt erzielten – ein Indiz dafür, daß sogar durch reine Vorstellungskraft ohne Ball eine optimale Vorbereitung zu erreichen ist. Der Nutzen dieser Art von Verbildlichung stellt sich nicht nur bei jeder Sportart, sondern auch bei jedem anderen Vorhaben ein.
Wenn Sie beispielsweise eine Rede halten müssen, so können Sie diese Streß-Situation im Geiste oft mit ähnlich gutem Ergebnis durchspielen.

Gründliche Arbeitsvorbereitung
80 Pluspunkte, wenn Sie immer gut vorbereitet sind. Tragen Sie Ihre Punktzahl hier ein: [ ]

Gute Entscheidung Nr. 9: Finanzielle Sicherheit

Plus 90 Punkte

Man muß bestimmt kein Krösus sein, um die zur Debatte stehende Punktzahl zu erreichen. Worum es hier vielmehr geht, ist ein ausreichendes finanzielles Polster (etwa in Form von Bankguthaben, Vermögenswerten, Versicherungspolicen oder auch besonderen Fähigkeiten), das verhindern würde, Sie bei plötzlicher Arbeitslosigkeit infolge Krankheit oder Wirtschaftsflaute an den Bettelstab zu bringen. Es ist ganz einfach ein wichtiger Kontroll-Knopf gegen den Streß.

Das heißt für die Praxis: Sie befinden sich in einer ausgezeichneten Position, um Ihre Streßanforderungen zu bewältigen, wenn Sie zur Finanzierung Ihrer Kredite ein gutes Rückzahlungsprogramm ausgearbeitet haben und Ihre täglichen Ausgaben sich innerhalb Ihres Nettoeinkommens bewegen.

Es ist gleichgültig, welcher Einkommensgruppe Sie angehören. In jedem Fall sollten Sie einen schriftlichen Haushaltsplan haben und dabei immer ein gewisses Budget für *Anti-Streß-Maßnahmen* mit einkalkulieren. Das muß ja schließlich nicht die Welt kosten: Oft reicht schon der wöchentliche Kinobesuch oder die gelegentliche Putzhilfe. Es ist aber ganz wichtig, daß Sie sich diese Maßnahmen regelmäßig leisten, und zwar *bevor* der Streß an Ihrer Gesundheit zu nagen beginnt (s. Kapitel 10). *Verwöhnen Sie sich ein bißchen!*

Leisten Sie sich lieber jeden Monat einen Mini-Urlaub als einen 4-Wochen-Trip nach einem ganzen Jahr ununterbrochener Streßbelastung. Fertigen Sie eine Prioritätenliste an, verzeichnen Sie die problematischsten Streßmomente

und arbeiten Sie Problemlösungen aus, die im Rahmen Ihrer finanziellen Möglichkeiten liegen.
Wenn Ihre Arbeitszeit zu kostbar ist, stellen Sie so viele Haushaltshilfen für den häuslichen Kleinkram ein, wie Sie sich leisten können. Davon ausgeschlossen sind natürlich jene häuslichen Pflichten, die Ihnen Spaß machen und daher als Freizeitbeschäftigung zu werten sind. Sollte es einen Geldverlust darstellen, wenn Sie nach dem Urlaub nicht pünktlich am Montagmorgen an Ihrem Schreibtisch sitzen, geben Sie lieber das Geld für einen Linienflug aus, als nutzlos Zeit beim Warten auf einen Stand-by-Flug zu vertrödeln.
Wenn Sie berufsbedingt viel mit dem Auto fahren müssen, sollten Sie Wert darauf legen, daß Ihr Gefährt mit all den Extras ausgestattet ist, die Sie sich finanziell erlauben können. Oder machen Sie es wie ich und heuern Sie einen Studenten an, der Sie von Termin zu Termin kutschiert. So schenken Sie sich ein bißchen Zeit, die Sie nach Belieben zum Lesen, Diktieren oder Ausruhen verwenden können.
Ihr Heim sollte Ihren Bedürfnissen entsprechend gestaltet und von einer elementaren Gemütlichkeit sein, die Körper und Geist die nötige Ruhe nach einem harten Arbeitstag spendet. Doch achten Sie stets darauf, daß all diese Angaben Ihre Finanzen nicht übersteigen, sonst befinden Sie sich ganz schnell auf der anderen Seite der magischen Grenze – in einer finanziellen Notlage (s. Kapitel 3).

Finanzielle Sicherheit
90 Pluspunkte, wenn Sie ein nettes finanzielles Polster haben. Tragen Sie Ihre Punktzahl hier ein: ☐

Gute Entscheidung Nr. 10: Stabiles Zuhause

Plus 100 Punkte

Ein stabiles Zuhause bedeutet nicht, daß Ihr Leben unbedingt den gängigen Klischeevorstellungen (verheiratet, 1,5 Kinder und das unvermeidbare Haustier) entsprechen muß. Wenn Sie genug Zeit und Energie aufbringen, einen wirklich guten Freundeskreis zu pflegen und auch auf starke familiäre Bande Wert legen, dann haben Sie darin hervorragende ›Streßableiter‹. Sie bekommen dadurch die Gelegenheit, jeden Tag von Ihrem Arbeitsdruck wegzukommen – eine kostbare (und viel häufigere) Belohnung als die Flucht in den Jahresurlaub.

Vergegenwärtigen Sie sich immer wieder, daß es sich lohnt, Freunden und Familie viel Zeit und Aufmerksamkeit zu widmen. Denn wenn dieser Teil Ihres Lebens gut klappt, dann sind Sie damit im Besitz der wertvollsten aller Streßverteidigungsstrategien überhaupt. Auch ein starker Glaube und/oder hohe ethische Lebensgrundsätze lassen die nötige Kraft in Ihnen wachsen. Das mag einer der Gründe sein, warum Angehörige religiöser Gruppen, wie zum Beispiel die Mormonen, durchschnittlich länger leben.

Auch Haustieren wird eine streßmildernde Wirkung zugeschrieben: Wenn sich die Schmusekatze an den gestreßten Hausherrn schmiegt, sinkt sein Blutdruck, und sein Pulsschlag beruhigt sich. Doch auch Eheleute sind langlebiger als Singles – liebevolle Berührung als Lebenselixier.

Diese physische Nähe ist natürlich nur ein Aspekt enger persönlicher Bindungen. Der Segen solcher Beziehungen erstreckt sich auch auf seelische, soziale und geistige Bereiche. Nach der Devise ›geteilter Streß ist halber Streß‹ steht die *Kommunikation* mit der Familie mit an der Spitze der ›streßmildernden Umstände‹. Scheuen Sie sich nicht, auch heikle Themen aufs Tapet zu bringen. Denn Sie laufen Gefahr, gute Beziehungen zu zerstören, wenn Sie Ihre Probleme bis zur absoluten Sprachlosigkeit in sich hineinfressen. Sobald Sie aber erkannt haben, welch große Erleichterung das Gespräch mit sich bringt, werden die großen Probleme Sie nicht mehr erdrücken.

Stabiles Zuhause
100 Punkte, wenn Sie eine solche Trutzburg besitzen. Tragen Sie Ihre Punktzahl hier ein: ☐

Nun, wie haben Sie abgeschnitten?

Gute Entscheidungen	Mögliche Punktzahl	Ihre Punktzahl
1. Gute Erbanlagen	+ 10	
2. Sinn für Humor	+ 20	
3. Richtige Ernährung	+ 30	
4. Streßabwechslung	+ 40	
5. Realistische Ziele	+ 50	
6. Den Streß begreifen	+ 60	
7. Entspannungstechniken und gesunder Schlaf	+ 70	
8. Gründliche Berufsvorbereitung	+ 80	
9. Finanzielle Sicherheit	+ 90	
10. Stabiles Zuhause	+100	
Ihre Gesamtpunktzahl, wenn Sie alle guten Entscheidungen getroffen haben: +550.	Ihre Gesamtpunktzahl:	

Tragen Sie die obenstehende Punktzahl hier ein:

- Gute Entscheidungen ☐

Tragen Sie die Punktzahl der Fehlentscheidungen hier ein:

- Schlechte Entscheidungen ☐

Rechnen Sie jetzt diese beiden Summen gegeneinander auf, dann erfahren Sie Ihre tatsächliche Streß-Resistenz:

- Hansonsche Streß-Resistenz ☐

Ziehen Sie hiervon Ihre Streß-Summe nach Holmes-Rahe ab (s. Seite 57 f.):

- Holmes-Rahe-Streß-Summe ☐

Ihr absolutes Netto-Streß-Ergebnis ☐

Warnung: Wenn die Summe – 300 Punkte überschreitet, dann bedeutet dies mit achtzigprozentiger Sicherheit eine dramatische Gesundheitsverschlechterung. Suchen Sie so schnell es geht Ihren Arzt auf!

Jetzt können Sie sich ein realistisches Bild von Ihren echten Streßrisiken machen. Je weiter Ihr Ergebnis in den Plusbereich hineinragt, desto besser haben Sie Ihren Streß im Griff, und desto geringer ist das Risiko, streßbedingte Krankheiten zu bekommen (Herzinfarkt, Magengeschwüre) oder im Beruf zu versagen.

Liegt Ihr Ergebnis aber weit im Minusbereich (mehr als −300), dann schweben Sie in akuter Gefahr. Machen Sie sich bewußt, daß Sie auch ohne aktuellen Streß auf der Holmes-Rahe-Skala zu dieser Risikogruppe zählen können, ganz einfach durch falsche Entscheidungen in Streß-Situationen (Hanson-Skala der Streß-Resistenz).

Denken Sie daran: *Es ist Ihre Entscheidung.* Nicht Pech ist bei den meisten Finanzmiseren, Krankheiten und streßbedingten Todesfällen im Spiel, sondern unbeabsichtigtes Fehlverhalten, *Inkompetenz.* Denken Sie auch daran, daß sich die Auswirkungen von Inkompetenz in schlechtgeführten Firmen von der Spitze der Hierarchie nach unten hin potenzieren. Nach der Lektüre dieses Buches sollten Sie aber in der Lage sein, durch richtige Streßreaktionen Kraft zu tanken oder, mit anderen Worten, durch *bewußte Kompetenz* länger und besser zu leben.

Vergessen Sie nicht, Streß ist dynamisch: Auch wenn Sie heute ein befriedigendes Ergebnis erzielt haben, kann es morgen schon ganz anders aussehen! Bestimmen Sie also Ihre Position auf der Hanson-Skala immer wieder. Und wenn Sie Unternehmer oder eine Führungskraft sind, lassen Sie regelmäßige Streßuntersuchungen bei Ihren Mitarbeitern vornehmen.

Kapitel 5

Ernährung und Streß

Zu kaum einem Thema ist so viel veröffentlicht worden wie zum Thema Ernährung. Der interessierte Laie erstickt schier in einem Wust von Publikationen, von Artikeln und Handbüchern. Leider bedient man sich dabei meist eines überaus komplizierten Fachjargons, den höchstens ein promovierter Biochemiker (wenn überhaupt) verstehen könnte. So beeindruckend und ehrfurchtgebietend das alles auch klingen mag, in Wahrheit ist die Ernährung gar keine so diffizile Angelegenheit. Vor der industriellen Revolution, als die Ernährung noch gar kein Thema, geschweige denn eine Wissenschaft, darstellte, haben die Menschen sich wahrscheinlich vernünftiger ernährt als wir, die wir uns scheinbar vorzüglich in diesem Gebiet auskennen.

Wenn Sie irgendwelche Krankheitssymptome an sich entdecken, sollten Sie zuerst eine *Diagnose* stellen lassen, bevor Sie spornstreichs zu einer Diätberatung gehen. *Nach* einer einwandfreien Feststellung des bei Ihnen vorliegenden Krankheitsbildes wird Ihr Arzt mit Ihnen über Ihre Ernährung sprechen und Sie gegebenenfalls zu einem Diätberater schicken. Dies ist die korrekte Reihenfolge, die bei Krankheiten wie Diabetes, Herzinfarkt, Übergewicht,

Magersucht oder bei Erschöpfungszuständen einzuhalten ist.

Einer meiner Professoren gab bei jeder passenden Gelegenheit folgendes Bonmot zum besten: ›Die meisten Leute würden sich vernünftiger als bisher ernähren, wenn Sie fortan ausschließlich geraspeltes Cellophan mit einer Garnierung aus ein paar essentiellen Aminosäuren äßen.‹

Eine gute, ausgewogene Ernährung setzt sich aus folgenden sechs Elementen zusammen:

1. *Proteine:* 20 Prozent der Gesamtkalorienzufuhr
2. *Fette:* 30 Prozent der Gesamtkalorienzufuhr
3. *Kohlenhydrate:* 50 Prozent der Gesamtkalorienzufuhr
4. *Ballaststoffe:* 50 Gramm pro Tag (s. Seite 127)
5. *Vitamine und Mineralstoffe**
6. *Wasser:* Acht Gläser pro Tag

Sie brauchen Ihre Lebensmittel nun nicht aufs Gramm genau abzuwiegen. Der prozentuale Anteil der ersten drei Kategorien läßt sich recht gut über den Daumen peilen, indem Sie die Proportionen auf Ihrem Teller abschätzen. Fragen Sie Ihren Arzt oder das Gesundheitsamt nach Standardvorschlägen für eine ausgewogene Ernährung.**

Die bei uns in erschreckendem Ausmaß grassierende Fettleibigkeit ist nicht unbedingt auf einen übermäßigen Fett- oder Kohlenhydrate-Konsum zurückzuführen. Übergewicht bedeutet lediglich, daß zu viele Kalorien (welcher Herkunft auch immer) im Verhältnis zur körperlichen Verbrennung verzehrt werden.

Doch lassen Sie uns nun die oben genannten sechs Elemente einer ausgewogenen Ernährung unter die Lupe nehmen.

* Auf dieses wichtige Thema werde ich im Anhang noch detaillierter eingehen.

** Beispiele für solch ausgewogene Diäten finden Sie ebenfalls im Anhang.

1. Proteine

Ohne sie wären unsere gesamten Körperfunktionen lahmgelegt, ohne sie gäbe es kein organisches Wachstum: Proteine sind der Stoff, aus dem unsere Gene sind. Sie versorgen uns mit Antikörpern für den Kampf gegen Krankheiten. Sie bilden die Enzyme, die alle Körperfunktionen regulieren, ebenso wie den größten Teil unserer Knochen, Muskeln, Organe, Hormone und des Blutstroms.

Niemand will die Bedeutung einer ausreichenden Proteinzufuhr bezweifeln, doch neigen viele Menschen dazu, es damit zu übertreiben. Denn die typische US-Diät weist einen entschieden höheren Proteinanteil auf, als nötig wäre.

Proteine stecken in den meisten Lebensmitteln, nicht nur im Fleisch. Ein Überschuß an Proteinen wird jedoch entweder in Fett umgewandelt (wie jedes andere Nahrungsüberangebot auch) oder als Stickstoffabfall ausgeschieden. Diese zusätzliche ›Entsorgungsarbeit‹ kann sich aber bei Nieren- oder Leberkranken schädlich auswirken.

Ferner kann ein chronischer Proteinüberschuß in der Nahrung den Calciumspiegel gefährlich senken, was zur gefürchteten Demineralisierung der Knochen führen kann. Aus diesen Gründen ist es so wichtig, Protein in vernünftigen Mengen zu sich zu nehmen, die nicht mehr als 20 Prozent Ihrer Gesamtkalorienzufuhr ausmachen sollte.

2. Fette

Fette sind nicht von Natur aus schlecht, es wird in unserer Ernährung nur regelrechter Mißbrauch mit ihnen getrieben. In vielen Fällen stellen sie bis zu 45 Prozent unserer Kalorienzufuhr, und das, obwohl zwei Drittel dieses Anteils schon ausreichend wären. Eine ausgewogene Diät sollte Fette sowohl tierischen als auch pflanzlichen Ursprungs enthalten, die nicht mehr als 30 Prozent der Gesamtkalorienzufuhr ausmachen. Doch ist es grundfalsch, ins andere Extrem zu verfallen und den Fettverzehr auf Null zu reduzieren. Einige wissenschaftliche Kapazitäten, wie der verstorbene Dr. Nathan Pritikin, haben darauf hingewiesen, daß Herzkrankheiten in Ländern der Dritten Welt mit einer fast fleisch- und fettlosen Ernährung so gut wie gar nicht vorkommen. Dies ist zwar grundsätzlich richtig, doch ist es gefährlich, von einem einzigen Organ Rückschlüsse auf den gesamten Körper zu ziehen. Denn obwohl diese Menschen selten an Herzkrankheiten leiden, leben sie doch meist nicht lange genug, um sich dieser positiven Tatsache zu erfreuen. Ihre Lebenserwartung ist im Gegenteil viel geringer als die unsere: Nicht nur liegen Kinder- und Schwangerschaftssterblichkeit viel höher als bei uns, auch an sich leichtere Infektionen sorgen für eine erschreckende Todesrate. Der Grund: Unter- bzw. Mangelernährung.

Nicht umsonst weist die Amerikanische Herzgesellschaft darauf hin, daß Fette essentielle Bausteine unseres lebenswichtigen Immunsystems sind. Daher darf ihr Verzehr keineswegs auf Null reduziert werden.

Vor nicht allzu langer Zeit gab es einen Riesenwirbel um die oft erhöhten Cholesterinablagerungen in den Herzkranzgefäßen von Infarktopfern. Man folgerte daraus, daß dieser Umstand auf unsere relativ cholesterin-intensive Ernährung zurückzuführen sei. Scheinbar untermauert wurde diese Annahme durch Reihenautopsien, die an jungen achtzehnjährigen Soldaten, die im Korea-Krieg gefallen waren, durchgeführt wurden: Wie sich herausstellte, waren die Arterien der amerikanischen Jungen schon weitgehend mit Cholesterinablagerungen verstopft. Nicht so jedoch bei den Koreanern und Chinesen. Zwei Kulturkreise – zwei grundlegend verschiedene Eßgewohnheiten (hüben fetthaltige Nahrung, drüben Reis-Diät), zwei unterschiedliche Blutcholesterinwerte. Bei den US-Soldaten lagen sie um zirka 50 Prozent höher als bei den Asiaten. Aufgrund dieser Untersuchungen lag es natürlich auf der Hand, das durch die Nahrung zugeführte Cholesterin ausschließlich für die Kalkablagerungen verantwortlich zu machen. Doch sind seither noch andere wichtige Zusammenhänge erkannt worden:

Ballaststoffe

Sie kommen nur in pflanzlichen Materialien vor (s. Seite 127). Im Körper fungieren sie als passiver Schwamm, der nur Ihren Eingeweiden einen Besuch abstattet und nicht in den Rest des Körpers gelangt. Solange sie in ausreichenden Mengen verzehrt werden (50 g pro Tag), transportieren sie jeden Tag ein Vierfaches der durchschnittlichen Schlackenmenge Richtung Ausgang. Diese Schlacken bekommen ihre charakteristische braune Farbe durch die Gallensäfte, die im ›Entgiftungslabor‹ Leber produziert werden und reich an Cholesterin sind (auch bei strengen Vegetariern). Wenn sie nicht mit dem Stuhl abtransportiert werden, geraten diese Gallensäfte in den Blutstrom. Mit einer erhöhten Ballaststoffzufuhr (und dadurch vervierfachter Stuhlmenge) nimmt der Cholesterinspiegel im Blut automatisch ab. Und die koreanische Ernährung war ballaststoffreich, die amerikanische jedoch zu dieser Zeit sehr arm an Ballaststoffen.

Streß-Exzeß

Wer sich bei Streßeinwirkung durch falsches Verhalten noch zusätzlich schwächt (s. Kapitel 3) und auf diese Art mehr als 300 Minuspunkte gegen die eigene Gesundheit

gesammelt hat, der darf sich nicht wundern, wenn bei ihm dieselben Cholesterinablagerungen festgestellt werden wie bei Dr. Hans Selyes gestreßten Laborratten. In unserer westlichen Gesellschaft zählt die Akkordarbeit (egal ob sie am Fließband oder im Büro unter Termindruck stattfindet) zu den schlimmsten Streßfaktoren, die sich zudem auch noch gänzlich der individuellen Kontrolle zu entziehen scheint. Wie wir jedoch in Kapitel 10 sehen werden, ist dies keine absolut unwiderrufliche Tatsache.
Ganz anders die koreanische Gesellschaft zur Zeit des Korea-Krieges: Ein tief in der landwirtschaftlichen Tradition verwurzeltes System, das die Zeit nach dem Wechsel der Jahreszeiten und nicht nach Millisekunden bemaß. Dort fiel die Netto-Streßpunktzahl wahrscheinlich wesentlich niedriger aus als hierzulande, weil die (Hansonsche) Streß-Resistenz ganz einfach erheblich höher lag. Eine solche Widerstandskraft führte zwangsläufig zu ›saubereren‹ Arterien als bei ihren amerikanischen Kontrahenten.
Die wichtigste Eigenschaft des Fetts: Es ›hortet‹ Energievorräte. Ein Gramm Fett weist die stolze Menge von 9 Kalorien auf, wohingegen Proteine und Kohlenhydrate pro Gramm nur auf 4 Kalorien kommen. Daher passiert es auch so leicht, daß man bei einer fettreichen Ernährung zu viele Kalorien zu sich nimmt, ohne daß man sich dabei übermäßig gesättigt fühlt. Fette schmuggeln sich durch den Kochvorgang oft ganz heimlich in den Ernährungsplan ein. Viele Menschen sind sich des tierischen Fetts, etwa am Fleischrand, in der Bratensauce oder der Geflügelhaut zwar durchaus bewußt, doch sie vergessen, daß Fette pflanzlichen Ursprungs ebensolche Kalorienbomben sind. So hat ein halbes Brathähnchen mit Pommes frites über 1000 (!) Kalorien – und zwar durch die beim Kochen bzw. Fritieren verwandten Fette.

Neben der Energielagerhaltung übernimmt Fett noch andere Funktionen im Körper: Es ›polstert‹ Organe, zum Beispiel die Nieren, aus und fungiert als Depot für jene Vitamine (A, D, E und K), die nur mit Hilfe von Fett verarbeitet werden können. Im Winter spielt es zudem den Wärmedämmer des Körpers.

Der Blutfett-Test

Wenn Sie unter starkem Streß leiden, sollten Sie alle drei Jahre ein komplettes Blutfett-Profil erstellen lassen. Lassen Sie Ihren Arzt wissen, daß Sie verschiedenen Streßfaktoren ausgesetzt sind. Sonst wird er es bei einer Routine-Untersuchung womöglich nicht für nötig halten, diesen Test bei Ihnen durchzuführen. Vor einem solchen Test müssen Sie mindestens 14 Stunden fasten. Es reicht dabei aber nicht aus, die Cholesterinwerte lediglich auf das mögliche Herzkrankheitsrisiko hin zu testen. Ein komplettes Blutfett-Profil schließt die Feststellung von ›gutem‹ und ›schlechtem‹ Cholesterin ebenso ein wie die Einordnung oder Typisierung der Patienten-Werte. Sollte nämlich dabei herauskommen, daß bestimmte Cholesterine, die sich in Familien gerne fortpflanzen, besonders hoch sind, dann ist es wichtig, daß alle Ihre Bluts(fett)verwandten darauf untersucht werden.

Was tun, wenn Sie erfahren, daß Ihre Cholesterinwerte zu hoch sind?

Es gibt sechs Wege, Blutfettwerte zu senken:

1. Nehmen Sie ab, wenn Sie übergewichtig sind, möglichst bis zu Ihrem Idealgewicht.
2. Verzichten Sie weitgehend auf fetthaltige Nahrung (auch tierische Fette!).
3. Nehmen Sie 50 g Ballaststoffe täglich zu sich (s. Seite 127). Denn diese Faserstoffe quellen im Darm wie ein Schwamm auf (allerdings nur bei genügender Zufuhr von Flüssigkeit), wodurch sich das Stuhlvolumen von einem Viertelpfund bis zu einem Pfund täglich vergrößert. Ebenso vervierfacht sich dadurch die ausgeschiedene Menge des endogen produzierten Cholesterins.
4. Treiben Sie regelmäßig Sport – nach Rücksprache mit Ihrem Arzt und eingehender Fitness-Beratung. Cholesterin ist nichts als ein Brennstoff, und je mehr Sie sich bewegen, desto mehr werden Sie davon ›verheizen‹.
5. Reduzieren Sie übermäßigen Streß auf ein erträgliches Maß. Wenn Ihnen Ihr Leben langsam zu kompliziert wird, halten Sie inne und suchen Sie nach Wegen und Mitteln der Vereinfachung. Überlegen Sie mal: Hetzen Sie sich nur aus dem Grund ab, weil Sie mit anderen Schritt halten wollen oder weil es gerade Mode ist? Sind Sie mit Ihrem Job und Ihren Sozialkontakten wirklich zufrieden?
   Reduzieren Sie unnötige, aber kontrollierbare Streßmomente, wie sie besonders beim Typ-A-Verhalten vorkommen. Wenden Sie die Hanson-Skala der Streß-Resistenz an, um Ihre Widerstandskraft gegen unkontrollierbaren Streß zu maximieren.
6. Als letzten Ausweg könnten Sie ein vertrauliches Gespräch mit Ihrem Arzt über den Nutzen einer Medikamententherapie in Erwägung ziehen.

Butter kontra Margarine

Die öffentliche Diskussion über den Zusammenhang von Cholesterinablagerungen in den Arterien mit Herzerkrankungen hat dazu geführt, daß viele Leute vermuten, Margarine sei ein ›gesundes Naturprodukt‹ und Butter ein ›böses Fettreservoir‹.
Doch ist eine Vielzahl anderer Faktoren an der Entstehung von Herzerkrankungen beteiligt. Zudem ist es auch noch nicht hinreichend geklärt, in welchem Maße von außen zugeführtes Cholesterin zu abgelagertem Cholesterin wird.
Ferner haben viele Billigmargarinen einen sehr *hohen* Anteil an gesättigten Fettsäuren. Wenn Sie die Zufuhr solcher Fette senken wollen, ist eine qualitativ hochwertige Margarine mit mindestens 35 Prozent ungesättigten Fettsäuren das Streichfett Ihrer Wahl.
Margarine ist – allen Werbesprüchen zum Trotz – kein ›Gesundheits‹-Produkt. Ebensowenig darf man sie als Wundermittelchen betrachten. Sie ist lediglich ein Lebensmittel wie jedes andere, wie auch Butter. Im Krankheitsfall ist es natürlich möglich, daß Ihr Arzt Sie unter anderem auf Margarine setzt, wenn er eine Diät mit ungesättigten Fettsäuren für angebracht hält.
Bei einer späteren Untersuchung wird Ihr Arzt dann feststellen, ob diese ›Margarine-Diät‹ in bezug auf Ihre Blutfettwerte zu irgendeiner Besserung geführt hat. Wenn ja, wird er Ihnen vermutlich raten, weiterhin auf ungesättigte Fettsäuren zu setzen. (Dies natürlich in geringen Dosen, versteht sich!) Wenn sich Ihre Blutfettwerte aber nicht deutlich verbessert haben, könnte es sein, daß Ihr Arzt es für wenig sinnvoll erachtet, Ihre normale (ausgewogene) Ernährung umzustellen.
In manchen Fällen läßt es sich einfach nicht umgehen, daß man Margarine aufs Brot schmiert, etwa wenn Sie beim Camping-Urlaub keine Kühlmöglichkeiten haben oder wenn eine Allergie gegen Milchprodukte vorliegt.

Doch Vorsicht: Manche Margarinen enthalten Milchpulver! Lesen Sie also beim Kauf die Etiketten ganz genau. In der Margarine lauern auch eine Menge künstlicher Zusatzstoffe. Viele Menschen beklagen, daß ihnen im Vergleich zur Butter einfach kein anderes Streichfett schmeckt. Zudem ist es ein Irrglaube, daß Margarine weniger Kalorien hat als das bewährte Milchprodukt. Um es ein für alle Male klarzustellen: Margarine hat exakt die gleiche Kalorienzahl wie Butter und macht – bei übermäßigem Verzehr – genauso dick. Ich möchte Ihnen noch einmal ins Gewissen reden und betonen, daß die Durchschnittsernährung viel zu fetthaltig ist. Reduzieren Sie daher Ihren Fettverzehr auf 30 Prozent (mehrfach ungesättigte *und* gesättigte Fettsäuren) der gesamten Nahrungszufuhr.
In welchen Bereichen Sie allerdings auf Fett verzichten, liegt ganz bei Ihnen, doch brauchen Sie sicher nicht Ihren Lieblings-Gaumenkitzel auf dem Altar der Gesundheit zu opfern. Viele Menschen bevorzugen den Buttergeschmack auf Brot oder beim Kochen, also genießen Sie um Himmels willen Ihre Butter. Aber kombinieren Sie Ihr Lieblingsfett bitte mit ballaststoffreichem Brot oder einer ebensolchen Diät, damit die empfohlenen prozentualen Anteile der Ernährungselemente gewahrt bleiben (s. Kap. 5).
Leichtgemacht wird die Fettreduktion, wenn Sie sich vor *versteckten Fetten* hüten. Verzichten Sie bei der Zubereitung aufs Braten oder Fritieren, verlegen Sie sich lieber aufs Grillen, Schmoren oder Dünsten. Hervorragend eignet sich auch eine Backfolie. Trennen Sie sichtbare Fettstreifen von Ihrem Fleischstück ab und vermeiden Sie Bratensaucen. Essen Sie häufiger Gemüse, Geflügel (ohne Haut!) und mageren Fisch.

In wissenschaftlichen Untersuchungen wurde nachgewiesen, daß bei den Sieben-Tage-Adventisten die männlichen Mitglieder zwischen fünfunddreißig und vierundsechzig Jahren ein nur halb so großes Herzinfarktrisiko haben wie der Rest der männlichen Bevölkerung. Warum das so ist? Nun, diese religiöse Vereinigung hält sich streng an die auf der Hanson-Skala als gut ausgewiesenen Entscheidungen: Zum Beispiel ist ihre Ernährung ausgewogen (mit hohem Ballaststoffanteil), sie verzichten *ganz* auf Alkohol, Zigaretten und Koffein und legen großen Wert auf ein intaktes Familienleben.

Zum Abschluß möchte ich betonen, daß Fette (sowohl tierischen als auch pflanzlichen Ursprungs) ohne Bedenken auch 35 Prozent Ihrer Ernährung ausmachen dürfen, solange Sie *ausreichend Ballaststoffe* zu sich nehmen, sich für eine gute Lebensweise mit den richtigen Streßreaktionen entscheiden und normale Blutfettwerte haben.

3. Kohlenhydrate

Vielfach als Dickmacher verschrien, haben Kohlenhydrate nur ganze vier Kalorien pro Gramm, nicht mehr und nicht weniger als Proteine. Man unterschiedet zwei Arten von Kohlenhydraten: einfache und komplexe. *Komplexe* Kohlenhydrate sind in vollwertigen Nahrungsmitteln enthalten, zum Beispiel in Weizen, Bohnen, Getreide, Obst und Gemüse. Diese Nahrungsmittel sind ausgezeichnete Energiequellen und daher besonders wertvoll in Streßzeiten.

Einfache Kohlenhydrate finden sich in Raffinadezucker, Weißmehl und Alkohol. Dies sind wirklich und wahrhaftig leere Kalorien: Der industrielle Verarbeitungsprozeß hat die meisten Faserstoffe, (beim Getreide zum Beispiel die Kleie) ausgeschieden. Dem übermäßigen Verzehr solcher Lebensmittel in Amerika (über 20 Prozent der täglichen Kalorienzufuhr) ist es zuzuschreiben, daß die an sich wertvollen Kohlenhydrate einen solch schlechten Ruf haben. Dies ist ferner auch der Grund für die weitverbreitete Annahme, Kohlenhydrate machten dick, aber nicht satt. Unter Streß ist der einfache Blutzuckerspiegel ohnehin schon erhöht. Was wäre also überflüssiger, als in einer solchen Situation noch zusätzlich einfache Kohlenhydrate zu verzehren?

Als wirklich sauberen Brennstoff sind komplexe Kohlenhydrate die für den menschlichen Körper mit Abstand am leichtesten anzuzapfende Energiequelle. Dazu zählt auch naturbelassener Rohrzucker, der reich an Ballaststoffen und trotz seiner Süße eigentlich kein Dickmacher ist. Dieser hohe Ballaststoffanteil führt zu einer echten Sättigung – der Magen kann einfach keine großen Mengen an Rohrzucker bewältigen. Raffinierter Zucker ist dagegen bar fast jeglichen Faserstoffanteils. Dadurch läßt sich der Raffinadezucker-Konsum auch so leicht übertreiben. So stopft der Durchschnitts-Nordamerikaner pro Jahr über hundert Pfund Zucker aller Art in sich hinein. Dies ist natürlich ein Vielfaches des Grundbedarfs.

Zuckerhaltige Getränke sind besonders heimtückisch, denn eine süße Limonade sättigt keinesfalls mehr als ein Glas Wasser (sie macht nur dick). Sie können trotz Zuckerzufuhr in flüssiger Form immer noch die gleichen Portionen vertilgen. Als Faustregel gilt: Wenn Sie grundsätzlich nur kalorienfreie Getränke zu sich nehmen (Kräutertee zum Beispiel), dann können Sie Ihren Blutzuckerspiegel leichter austarieren.

Das ideale Getränk ist natürlich Wasser. Sollte sich Ihr

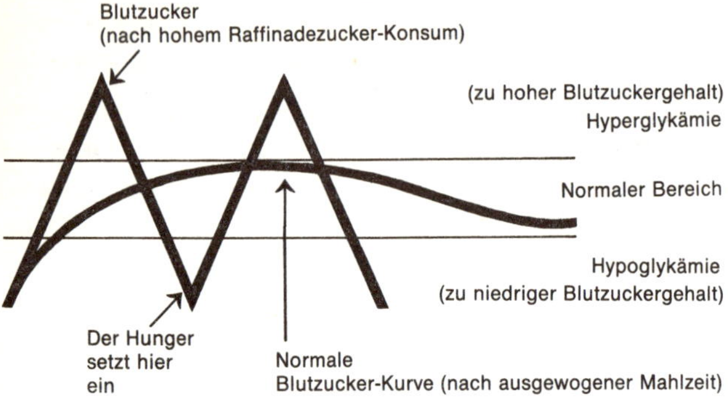

Komplexe Kohlenhydrate oder Faser-Zucker-Kombinationen werden wesentlich langsamer resorbiert als raffinierter Zucker.
Durch einen hohen Raffinadezucker-Konsum machen Sie sich zum Sklaven Ihrer Zuckerkurve, und zwar wie

örtliches Leitungswasser nicht zum Trinken eignen, können Sie immer noch auf Mineralwasser zurückgreifen. Ebenfalls ist unumstritten, daß Sie schwerlich übergewichtig werden, wenn Sie den Zucker nur in seiner ursprünglichen, natürlichen Form zu sich nehmen. Essen Sie also lieber einen Apfel, als Apfelsaft zu trinken, dem die Ballaststoffe entzogen worden sind.

folgt: Aus einer durch niedrigen Blutzuckerspiegel verursachten ›Hungerkrise‹ heraus stopfen Sie wahllos zuckerhaltige Speisen in sich hinein, wodurch Sie sich in Blitzesschnelle in den hyperglykämischen Bereich katapultieren. Jetzt sind Sie erst einmal satt, doch nicht für lange, denn ebenso schnell wie der Blutzuckerspiegel anstieg, sackt die Kurve jetzt in den hypoglykämischen Bereich, aus dem Sie sich dann durch die nächste ›Energiebombe‹ zu befreien versuchen. Ein Teufelskreis, der es Ihnen schier unmöglich macht, ausgewogene Mahlzeiten abzuwarten, die Ihren Blutzuckerspiegel sanft anheben würden. Statt dessen stürzen Sie sich auf das nächste Zuckerwerk – eine Unsitte, die nach und nach Suchtcharakter annehmen kann und der Grund dafür ist, daß die meisten Leute es nicht bei einem Keks bewenden lassen können, sondern nicht eher rasten, bis auch das letze Plätzchen aus der Tüte verschwunden ist.
Komplexe Kohlenhydrate (wie in Vollkornnudeln, Vollkornbrot und naturbelassenem Reis) und eben nicht die reine Proteinkost (beispielsweise das Steak, die ›Henkersmahlzeit‹ für Wettkampfsportler), sind die wirksamsten Energiequellen für bevorstehenden Streß, egal, ob er auf dem Sportplatz oder im Büro eintritt.

4. *Ballaststoffe*

Das Stiefkind unserer Ernährung sind die Ballaststoffe (Faserstoffe). Hierbei handelt es sich um nichts anderes als um das Zellwandmaterial pflanzlicher Nahrungsmittel, das von Säugetieren – zu denen wir schließlich auch zählen – nicht verdaut werden kann. Daher kommen sie auch nicht im Fleisch und in anderen tierischen Produkten, wie Milch oder Eiern, vor. Die Scarsdale-Diät sieht nur wenig Ballaststoffe für den Ernährungsplan vor, ist daher extrem unausgewogen und für nicht mehr als zwei Wochen zu empfehlen. Wenn dieser ›Sicherheitsspielraum‹ überschritten wird, kann sich das Eiweiß-Überangebot negativ auf den Stoffwechsel auswirken.

Viele der beliebten ›Super-Diäten‹, bei denen der Abnehmwillige fast ausschließlich Pampelmusen, Steaks oder Avocados zu sich nehmen darf, sind fern von jeglicher medizinisch beweisbaren Wirksamkeit. Wenn sie überhaupt funktionieren, dann höchstens nach dem Prinzip der Langeweile: Wenn Sie sich wochenlang nur von bestimmten Lebensmitteln ernähren, dann werden sie Ihnen irgendwann zwangsläufig zum Halse heraushängen – auch wenn sie vorher zu Ihren Lieblingsspeisen gehörten. So gab kürzlich ein entfernter Bekannter nach einer siebenwöchigen Bananen-Diät auf. Er war total genervt, und sein Gewicht hatte sich überhaupt nicht verändert.

Ballaststoffe sind das einzige Nahrungselement, das Sie nach Herzenslust essen können, denn nichts bleibt davon in Ihrem Körper zurück. Dennoch leisten sie Vorbildliches: Wie ein Schwamm dehnen sich die Ballaststoffe in Ihren Eingeweiden aus, so daß lächerliche 50 g Ballaststoffe über 100 unverdaute Kalorien bei jeder Darmbewegung ins Freie befördern. So können Sie also bei ausreichendem Ballaststoffverzehr mehr essen, ohne daß Sie zunehmen. Doch vergessen Sie dabei das Trinken nicht. Sonst gibt es schlimme Verstopfungen.

Seit zirka hundert Jahren zielen die modernen Zubereitungsmethoden vor allem darauf ab, daß den Lebensmitteln der Ballaststoff immer vollständiger entzogen wird. Gleichzeitig ist der durchschnittliche Zuckerkonsum aber von fünf auf hundert Pfund pro Kopf und Jahr gestiegen. Untersuchungen, die in Ländern der Dritten Welt durchgeführt wurden, haben gezeigt, daß Menschen, die viel Ballaststoffe zu sich nehmen, seltener zu Herzkrankheiten, Diabetes und Krebs neigen. Auch leiden sie längst nicht so häufig unter Magen-Darm-Erkrankungen. Der bekannte Ballaststoff-Forscher Dr. Denis Burkitt hat den Zusammenhang zwischen diesen Krankheiten und der produzierten Stuhlmenge nachgewiesen. Er fand heraus, daß eine typisch westliche Ernährung lediglich ein Viertelpfund Stuhl am Tag hervorbringt, während Asiaten und Afrikaner täglich ein ganzes Pfund ausscheiden. Für Afrikaner beträgt die Durchgangszeit (der Zeitraum zwischen Nahrungsaufnahme und -ausscheidung) lediglich anderthalb Tage. Dagegen muß der Durchschnittsamerikaner runde drei Tage auf das ›Wiedererscheinen‹ seiner Nahrung warten. Bei älteren Menschen zögert sich dieses Ereignis sogar manchmal mehrere Wochen lang hinaus.

Britische Soldaten, die während des Zweiten Weltkrieges in japanische Gefangenschaft gerieten, bekamen dort ausschließlich ballaststoffreiche Kost vorgesetzt. Das japanische Wachpersonal durfte sich hingegen an feineren Gaumenfreuden delektieren. Trotz der erheblichen Streßbelastung, der die Gefangenen zweifelsohne ausgesetzt waren, litten sie dennoch seltener an Magen- und Zwölffingerdarm-Geschwüren als ihre Bewacher. Einige dieser Gefangenen wurden später in ein Lager nach Hongkong verlegt, wo sie ›normale‹ westliche Nahrung bekamen. Sofort kletterte die Magengeschwür-Häufigkeit dramatisch. Nach dem Rücktransport in die primitiveren Camps gingen die Magengeschwüre jedoch wieder zurück.

Viele meiner Patienten glauben, daß sie bei einer ballaststoffreichen Ernährung ungenießbare Dinge essen müßten.

Das Gegenteil ist der Fall, denn es ist durchaus möglich, daß sich unter diesen Lebensmitteln Ihre Lieblingsspeisen befinden. Ballaststoffreich sind zum Beispiel in der Schale gekochte Kartoffeln, Vollkornbrot, Erbsen, Bohnen und Mais. Daher würde es einen völlig fehlgeleiteten Diät-Versuch bedeuten, wenn Sie ausgerechnet auf diese Lebensmittel verzichteten. Man kann es gar nicht oft genug wiederholen: Ballaststoffe sind derart sättigend, daß es so gut wie ausgeschlossen ist, durch eine ballaststoffreiche Ernährung zuzunehmen.

Doch wo finden sich diese Wunderwaffen der Ernährung? Ganz einfach: in allen Pflanzen. Reine Weizenkleie besteht zum Beispiel fast vollständig aus Ballaststoffen. Leider haben viele Leute ihre liebe Not mit der Kleie. Sie finden, daß sie nach geraspelter Pappe schmeckt. Da es außerdem schwierig ist, mehr als 30 g Weizenkleie am Tag zu vertilgen, sollten Sie sich andere Ballaststoff-Quellen erschließen. (Doch essen Sie bitte nicht dieses Buch!)

Ihr Ballaststoffbedarf sollte also durch verschiedene Lebensmittel gedeckt werden. Gemüsesorten, wie Bohnen, Erbsen, Mais, oder Vollkornbrot sind gute Faserstoffspender. Zum Vergleich eine Liste der ballaststoffreichsten Nahrungsmittel:

Doch der hochaktive ›Darmputzer‹ kann noch mehr: Er bewirkt nämlich auch eine Senkung der Blutzuckerausschüttung, wodurch bei Diabetikern die erforderlichen Insulingaben erheblich reduziert werden können. Und für alle, die ein paar Pfund zuviel mit sich herumtragen, hat eine ballaststoffreiche Ernährung die angenehme Nebenwirkung, daß etwa zehn Prozent der Gesamtkalorienzufuhr (also 200–250 Kalorien) unverdaut durch die Eingeweide wandern.

Lebensmittel	Ballaststoffe in Gramm	Kalorien	Joule
100 g gekochte Tiefkühl-Erbsen	12,0	70	293
100 g gekochte Kartoffeln	2,5	66	276
100 g Bananen	3,4	96	402
100 g gekochter Naturreis	5,5	106	444
50 g Vollkornbrot (1 Scheibe)	4,5	105	446
50 g Weißbrot (2 Scheiben)	1,4	130	554
1 großer Apfel (100 g)	2,0	60	251
100 g Kleiekekse	4,4	190	795
100 g Frühstücksflocken	3,3	370	1549

Der Nutzen der Ballaststoffe

Im Mund

Ballaststoffe verlangsamen Ihre Eßgeschwindigkeit ganz einfach dadurch, daß Sie bei gleicher Kalorienzahl mehr zu kauen haben.

Übergewichtige essen oft nicht nur viel zu schnell, sondern versuchen sich auch häufig an Diäten, die eine rapide Gewichtsabnahme verheißen. Hauptsache *schnell,* das ist in beiden Unterfangen ihre Devise. Der Grund für ihr scheunendrescherhaftes Schlingen ist sicherlich nicht die Furcht, ihnen bleibe sonst nicht genug Zeit, noch ein paar tausend zusätzliche Kalorien in sich hineinzustopfen. Viel wahrscheinlicher ist, daß hier Schuldgefühle am Werk sind: Aus Angst, daß sie beim Essen ertappt werden, schlingen sie ihre Mahlzeiten in aller Schnelle hinunter.

Durch die Erhöhung der Ballaststoffzufuhr und der zu

kauenden Nahrungsmenge werden Sie aber gezwungen, langsamer zu essen. Das Sättigungsgefühl wird länger andauern. Und der Speichelfluß wird stärker angeregt, mit der Folge, daß schon im Mund durch enzymatische Zersetzung der Proteine ein Vorverdauungsprozeß in Gang kommt.

Im Magen
Eine ballaststoffreiche Ladung verlangsamt auch die Entleerung des Magens. Der Hunger kann sich also nicht schon nach einer Stunde wieder einstellen, da Ihr Verdauungsorgan mit der ballaststoffreichen Füllung noch mehrere Stunden Arbeit hat. Auch wird die Magensäure stärker beansprucht und dadurch weitgehend unschädlich gemacht. Da die Magenschleimhaut bei starkem Streß durch die höhere Cortisonausschüttung gegen die eigenen Säuren empfindlich wird, ist diese Wirkweise der Ballaststoffe eine ausgezeichnete Selbstschutzmaßnahme.

Im Blut
Daß sich der Hunger nach einer ballaststoffarmen Kohlenhydratladung in kurzer Zeit wieder meldet (Hypoglykämie), haben wir schon besprochen (s. Abb. Seite 42). Die gleichen Mechanismen sind am Werk, wenn wir uns eine Stunde nach dem Besuch im China-Restaurant wieder der Magen knurrt. Der Übeltäter ist leicht ausfindig zu machen: es ist der weiße, geschälte Reis, der dem Magen schon so kurz nach der Mahlzeit die seltsamen Töne entlockt. Ganz anders sieht die Ernährungssituation in den Agrargebieten Chinas aus. Hier sorgt der Ballaststoffreichtum von ungeschältem Reis für ein lange anhaltendes Sättigungsgefühl.
Nach jeder Mahlzeit wird zunächst *Insulin* in großen Mengen freigesetzt. Der Blutzuckerspiegel bleibt zwar für etwa

zwei Stunden weitgehend im Normalbereich, doch dann stellt sich wieder ein intensives Hungergefühl ein. Diesen Ping-Pong-Effekt können Sie durch den Verzehr ballaststoffreicher Nahrung verhindern, denn dadurch verlangsamt sich die gesamte Verdauung der Kohlenhydrate.

Im Darm

Je mehr Ballaststoffe Sie in Ihrer Nahrung zu sich nehmen, desto mehr Kalorien werden unverdaut und daher mit dem Stuhl ausgeschieden. Gleichzeitig werden dem Körper Eiweiß und Cholesterin abgezwackt, die jetzt im Darm als Transportmittel, sprich Verdauungssäfte, zum Einsatz kommen.

Es ist inzwischen wissenschaftlich erhärtet, daß das Auftreten von Darmentzündungen (zum Beispiel Colitis) und Darmkrebs im direkten Zusammenhang mit der durch die Nahrung aufgenommenen Ballaststoffmenge steht. Zwar erhöhen die faserigen Quellstoffe die Durchgangszeit der Speisen im Magen, doch sorgen sie für einen erheblich schnelleren Abtransport (nicht zuletzt auch der krebserzeugenden Stoffe) aus dem Darm.

Doch dürfen Sie bei aller Ballaststoff-Begeisterung nicht vergessen, daß durch den Stuhlgang-Beschleuniger die Calcium-Resorption behindert wird. Trinken Sie also zum Ausgleich ein paar Gläser Milch täglich oder achten Sie darauf, daß Sie Ihren Calcium-Haushalt durch entsprechende Lebensmittel im Gleichgewicht halten (wie Joghurt, Buttermilch, Käse, Spinat u. Brokkoli).

Aber auch Spurenelemente, wie Zink und Magnesium, werden von den Faserstoffen gebunden. Daher empfiehlt sich ein Multivitamin-Präparat als Nahrungsergänzung. Doch mehr darüber später.

Verstopfung muß nicht sein!

Wenn Sie nur mit ungeheurer Anstrengung Ihr ›Großes Geschäft‹ erledigen können und dann lediglich harten, trockenen Stuhl produzieren, sind Sie verstopft. Dabei ist der zeitliche Abstand zwischen Ihren Sitzungen weniger wichtig als die Konsistenz des Ergebnisses und nicht zuletzt das Gefühl der Erleichterung, das Sie verspüren. Meiner Erfahrung nach ist Verstopfung vor allem für ältere Menschen eine große Belastung. Doch haben heute auch erstaunlich viele junge Leute ihre Last mit dieser Zivilisationserscheinung. Der Grund: Sie bewegen sich zu wenig. Falsch wäre es jedoch, dieses lästige Problem zu einer unheilbaren Krankheit zu stilisieren, mit der man sich ein Leben lang herumplagen muß. Verstopfung ist keine Krankheit, sondern eine vermeidbare und behebbare Fehlfunktion.

Um wieder richtig zu Potte zu kommen, müssen Sie lediglich drei einfache Ratschläge befolgen:

1. Achten Sie auf genügend Ballaststoffe in Ihrer Ernährung

Ihr Ziel sollte sein, täglich 50 g Ballaststoffe allein durch Ihre normale Nahrung zu sich zu nehmen (s. Anhang C). Faserstoffzusätze, etwa in Form von Kleietabletten, sind zwar ebenso geeignet, doch bei ausgewogener Ernährung eigentlich überflüssig. Und wieder mein Rat: Viel Wasser trinken, damit die Ballaststoffe genügend Flüssigkeit zum Quellen haben.

Denken Sie auch an das alte Sprichwort: ›Ein Apfel am Tag hält den Doktor fern.‹ Die Wundertätigkeit dieser Frucht beruht auf ihrem hohen Ballaststoffgehalt, der einer Verstopfung vorbeugt.

2. Trainieren Sie Ihre Bauchmuskeln

Ein fester Bauchmuskel-Tonus hilft bei der Verdauung, da stramme Muskeln Druck auf die Darmwände ausüben. Verändert sich (etwa durch einen längeren Krankenhausaufenthalt) die Bauchmuskelbeschaffenheit, dann bekommen sogar Sportkanonen nie gekannte Verdauungsprobleme. Dieselben Schwierigkeiten können während und kurz nach der Schwangerschaft auftreten.

Ältere Menschen verfügen selten über feste Bauchmuskeln. Zum Teil ist dies auf akuten Bewegungsmangel zurückzuführen, bei den Frauen aber oft auch darauf, daß sie sich Zeit ihres Lebens mit Hüfthalter und Korsett herumschlagen, was zur Verkümmerung der nicht beanspruchten Muskulatur führt. Daher leiden Frauen dieser Altersstufe, besonders wenn sie auch noch übergewichtig sind, häufig unter Verstopfung.

3. Wahl des Zeitpunkts

Der unwiderstehliche Drang zur Toilette entsteht durch den Entleerungsreflex, der etwa 20 Minuten nach dem Verzehr einer größeren Mahlzeit einsetzt. Dann heißt es, nichts wie aufs stille Örtchen! Doch wie oft kommt es schon vor, daß Sie dann gerade in Reichweite eines solchen Refugiums sind? Selten. Meist sitzen Sie gerade dann in einer Besprechung, also in gänzlich ungeeigneter Umgebung. Oder Sie führen ein wichtiges Telefonat. Oder die Nachbarin klingelt. Mit anderen Worten: Sie müssen ›es‹ sich verkneifen. Damit verschenken Sie die Gelegenheit, sich auf natürliche Weise schnell und gründlich zu erleichtern. Denn später ist Ihr Geschäft sicher von weniger Erfolg gekrönt.

Suchen Sie sich also einen Zeitpunkt aus, zu dem Sie in aller Ruhe ›thronen‹ können, zum Beispiel morgens. Stehen Sie 20 Minuten früher auf als sonst, machen Sie zunächst ein paar Dehnübungen und ein bißchen Bauchgymnastik. Atmen Sie tief in den Bauch hinein und langsam wieder aus, indem Sie die Bauchdecke fest einziehen, 3–5 Minuten lang. Reiben Sie den Bauch mit einem kalten Lappen ab.

Das Frühstück dann sollte ballaststoffreich sein und viel Flüssigkeit bieten: Vollkorntoast, Vollkornmüsli, Obst und zwei Gläser Mineralwasser. Bis der Entleerungsreflex zuschlägt, haben Sie jetzt noch ein wenig Muße zum Zeitunglesen. Doch reagieren Sie sofort, wenn Ihr Darm seine Bereitschaft signalisiert, und kalkulieren Sie mindestens fünf Minuten für Ihre Sitzung ein.

Ich habe noch nie gehört, daß dieser Plan bei irgend jemandem fehlgeschlagen ist, wenn er längerfristig befolgt

Einer der besten Diät-Tricks:

Vermeiden Sie kalorienhaltige Getränke. Denn sie sind nichts als ein Quell leerer Kalorien, der noch nicht einmal den Hunger auf die nächste Mahlzeit dämpft. Lassen Sie Ihre Finger von Obstsäften. Essen Sie lieber die ganze Frucht, anstatt den ballaststofflosen Extrakt zu trinken. Führen Sie sich vor Augen, wie schnell Sie an einem heißen Nachmittag einen halben Liter Apfelsaft trinken können, der zwar vorübergehend den Durst löscht, den Appetit auf das Abendessen aber nicht um einen Deut verringert. Stellen Sie sich nun weiter vor, Sie hätten statt dessen all die Äpfel gegessen, aus denen der Saft gewonnen wurde. Sie hätten sie nie bewältigen können, ganz zu schweigen von dem Abendessen, auf das Sie sich nach dem Apfelsaft mit Heißhunger stürzen.

wurde. Es besteht also keine Notwendigkeit für die chemische Keule. Verstopfung ist schließlich keine schlimme Krankheit, die eine medikamentöse Behandlung verlangt. Doch gibt es noch ein bombensicheres Mittel aus der Trickkiste der Akupunktur: Eine 15 cm lange Nadel hilft ganz bestimmt, wenn alle anderen Methoden versagt haben. Es ist noch nicht einmal nötig, daß der Arzt seinen Patienten damit piekst. Der bloße Anblick reicht . . .!

5. Vitamine und Mineralstoffe

Viel Unsinn ist schon über die Notwendigkeit zusätzlicher Vitamin- und Mineralstoffgaben verzapft worden. Der empfohlene Tagesbedarf dieser Elemente wird von einer *ausgewogenen* Ernährung gedeckt.
Doch gibt es Fälle, bei denen man sich allein auf die in der Nahrung vorhandenen Vitalstoffe nicht verlassen kann. So auch bei der ballaststoffreichen Anti-Streß-Diät, die ich Ihnen ans Herz gelegt habe. Denn der Streß-Schutzfaktor Ballaststoff hat die unangenehme Nebenwirkung, daß er einen Teil der Vitamine und Mineralstoffe, die die Nahrung mitliefert, an sich bindet und so ihre Abgabe in den Blutkreislauf behindert. In diesem Fall ist ein Multivitaminpräparat angebracht.
Weitere Ernährungsweisen und Situationen, bei denen eine ausreichende Versorgung mit Vitaminen und Mineralstoffen aus der Nahrung allein nicht gewährleistet ist:

- Eine strikt vegetarische Ernährung
- Reduktionsdiät mit weniger als 1500 Kalorien (6280 Joule) pro Tag
- Schwangerschaft und Stillzeit
- Schlechte Resorption bei älteren Menschen

- Alkohol- und Tablettensucht
- Rekonvaleszenz nach Operation, Brandverletzungen oder Krankheit
- Übermäßige Streßbelastung

Es ist jedoch überaus wichtig, daß Sie mit Ihrem Arzt über Vitaminzusätze sprechen. Denn ohne ärztliche Aufsicht und bei hoher Dosierung können Vitaminpräparate zu einem regelrechten Gesundheitsrisiko werden. Außerdem ist nicht gesagt, daß man ohne Risiken das ganze Vitamin-Alphabet durchnehmen kann, nur weil auf der Pillenschachtel das Wort ›organisch‹ steht. Es trifft nicht unbedingt zu, daß ein ›organisches‹ Präparat besser als ein normaler Vitaminzusatz ist: Organische Vitamine sind wesentlich instabiler als die anderen und eignen sich daher nicht so gut zur Lagerung.
Die Zusammenstellung der Vitamine und Mineralstoffe in Anhang B soll ein wenig Grundwissen vermitteln und dient vor allem zur Information und Komplettierung. Sie werden sehen, das alles ist gar nicht so kompliziert, wie man meint. Der Vitaminjargon, der den ›Experten‹ (dies sind nicht nur selbstberufene Diätspezialisten, sondern oft genug auch Ärzte) so flüssig von den Lippen kommt, hinterläßt beim Publikum leider den Eindruck der Gewichtigkeit. Eigentlich fällt es den meisten Leuten nicht schwer, sich die Bedeutung der vage und höchst generell beschriebenen Symptome für Diätfehler selbst zu erschließen.

Caveat emptor – Vor Beutelschneidern wird gewarnt

Um der Ärzteschwemme in den Großstädten ein Schnippchen zu schlagen, haben in den USA viele ›Doctores‹ im Bereich Ernährung eine profitable Nische gefunden. Viele dieser Mediziner behaupten (zu Unrecht), daß ihr Fach ein hochkompliziertes Gebiet sei. Und so verkaufen sie nicht nur ihre Zeit und ihren Ratschlag für teures Geld, sondern auch eine Unzahl teurer Lebensmittel-Ergänzungsstoffe – Maßnahmen, die durch aberwitzige Urintests, Haaranalysen usw. gerechtfertigt werden. (Die meisten dieser Tests können von ordentlich ausgebildeten Arzthelferinnen vorgenommen werden.)
Viele arglose Patienten werden gegen viel Geld und wenig medizinischen Nutzen zu gläubigen Jüngern ihres Arztes und seiner Wundermittelchen. Ich flehe Sie an, konsultieren Sie einen zweiten Arzt, ob es wirklich nutzbringend ist, Ihr Geld in solche Methoden zu investieren. Denn Fälle von äußerst schwerwiegender Fehlernährung, die einer solchen Behandlung bedürfen, sind sehr selten.
Aus meiner eigenen Praxis weiß ich, daß die meisten Leute keine zusätzlichen Vitaminpräparate in großen Mengen brauchen. Mir ist es viel lieber, wenn Sie Ihren täglichen Vitaminbedarf aus einer vernünftigen, ausgewogenen Ernährung ziehen. Da dem Körper jedoch unter Streß viel Zink und Vitamin C entzogen wird (und nicht zuletzt, weil die Vitamine C und E vorbeugend gegen Darmkrebs wirken), rate ich vielen Patienten, ein Standard-Kombinationspräparat dieser Stoffe zu nehmen. Doch auch wenn Sie unter Vitaminmangel-Erscheinungen leiden, vergessen Sie nicht: Für eine richtige Therapie brauchen Sie zuerst eine Diagnose. Fragen Sie also vorher Ihren Arzt!

Ein Wort zum Thema Salz

Das Element Natrium ist unerläßlich für das reibungslose Funktionieren des körpereigenen Chemielabors. Ohne Natrium (= Salz) müßten wir jämmerlich eingehen. In früheren Zeiten hielt man es sogar für so wichtig, daß Arbeiter Bruchsalz als Lohn für getane Arbeit erhielten. Schweißtreibende Aktivitäten, also Arbeit oder sportliche Betätigung bei Hitze, erhöhen den Salzbedarf des Körpers, da beim Transpirieren Salz ausgeschieden wird. Das durch die Haut verdunstete Salz muß dem Körper wieder zugeführt werden, doch hüten Sie sich davor, nun einfach eine Handvoll Salztabletten zu schlucken. Sie könnten sich nämlich leicht eine Salz-Überdosis verpassen. Besser wäre es, einen Teelöffel Salz in einem Liter Wasser mit Zitronensaft aufzulösen. Wenn Sie aber beim Gedanken an einen solchen Durstlöscher lange Zähne bekommen, probieren Sie doch mal die Mineral- bzw. Elektrolyt-Erfrischungsgetränke, an denen sich die Tennisprofis zwischen den Spielen festhalten. Ein Liter entrahmte Milch am Tag (neben viel Wasser und Fruchtsaft) ist ebenfalls ein guter Natrium-Ersatz.
Salz wird als Konservierungsmittel vielen Lebensmitteln beigemischt. In diesem Kontext dient es auch als Heißhungerwecker, denn wer hört schon nach einer Erdnuß oder einem Kartoffelchip auf?
Der Mensch braucht im Durchschnitt drei Gramm Salz am Tag. Das ist etwas mehr als ein halber Teelöffel voll. Außer bei den oben erwähnten besonderen Umständen ist es *nicht* nötig, beim Kochen Salz zu verwenden. Zügeln Sie auch Ihre Lust auf salzhaltige Snacks. Denn zuviel Salz wirkt negativ auf Bluthochdruckpatienten und kann letztendlich zu Herzinfarkt und Nierenversagen führen. Salz-Exzesse verursachen auch Wassereinlagerungen, die sonst meist bei Schwangerschaften, prämenstruellem Syndrom und in manchen Fällen von Herzversagen zu beobachten sind.

6. Wasser

All meinen Patienten und Freunden rate ich, acht Gläser Wasser am Tag zu trinken. Ich selbst leiste dieser Empfehlung natürlich auch Folge, denn gerade für gestreßte Zeitgenossen ist Wasser überaus wichtig. Darüber hinaus stellt ein ausreichender Wasserkonsum einen Segen für alle Körperfunktionen dar.

1. Der Blutkreislauf

Acht Gläser Wasser am Tag sind ein hervorragendes Verdünnungsmittel. In Kapitel 2 haben wir schon erfahren, daß bei Streß vermehrt Gerinnungsfaktoren und rote Blutkörperchen in Rückenmark und Milz gebildet werden. Dieser Eindickungseffekt beeinträchtigt natürlich den Blutkreislauf mehr oder weniger. Wenn Ihre Herzkranzgefäße aber zusätzlich noch durch Kalkablagerungen verengt sind, kann diese Streßreaktion sogar zum Herzinfarkt führen. Auf dieselbe Art und Weise begünstigt ein ungenügender Wasserkonsum auch Schlaganfälle und Embolien (i. e. durch die Blutbahn wandernde Blutpfropfen, die irgendwann in einem Organ steckenbleiben).
Die Prohylaxe-Medizin gegen solche Blutverdickung steckt noch in der Erprobungsphase. Der derzeitige Forschungsstand läßt aber vermuten, daß es nicht ratsam ist, junge Erwachsene routinemäßig mit Blutverdünnungsmitteln vollzupumpen, da die Langzeit-Nebenwirkungen solcher Medikamente beim Menschen noch nicht hinlänglich bekannt sind. Gesichert ist jedoch, daß Wasserverlust (Dehydrierung) das Blut zähflüssig macht. Eine ausreichende Wasserversorgung läßt den Lebenssaft hingegen munter kreisen. Wenn Sie also zu Ihrem täglichen Brot noch acht Gläser Wasser trinken, dann haben Sie sich damit ein kleines Bollwerk gegen den Streß gebaut.

2. Die Haut

Bei Dehydration wird die Haut nicht nur rauh, sie wirft buchstäblich Falten. Ganz und gar unerläßlich ist Wasser zum Wärmeausgleich, da die Haut durch das Schwitzen die Körpertemperatur reguliert.

Entwässerungs-Tabletten werden oft als Diät-Geheimtip gehandelt, da sie in kurzer Zeit zu einem Flüssigkeitsverlust von fünf bis sechs Pfund führen. Doch predige ich solch irregeleiteten Diät-Jongleuren immer wieder, daß die Bezeichnung ›Entwässerungs-Tabletten‹ falsche Hoffnungen weckt. Sie sollten eher *Entsalzungs*-Tabletten heißen, denn wo Salz abgezogen wird, folgt das Wasser auf dem Fuße. Ist es aber nicht eigentlich sinnlos, Tabletten zu schlucken, die das Salz aus dem Körper treiben, wenn jede salzhaltige Mahlzeit den Salzhaushalt wieder in die Höhe schnellen läßt? Noch dümmer wäre es allerdings, beim Abnehmen die Wasserzufuhr einzuschränken. Denn dadurch erhöht sich der Salzgehalt des Blutes, und das bißchen Wasser, das Sie trinken müssen, wird fest eingelagert. Fazit: Sie haben mehr Salz im Blut, und mehr Wasser wird gespeichert. Wenn Sie wirklich Wasser verlieren wollen, was durch diese Diuretika ja angestrebt wird, dann sollten Sie lieber Ihren Salzkonsum einschränken und dafür mehr Wasser trinken. Diese Methode ist nicht nur natürlicher, sondern auch sicherer, denn sie birgt garantiert kein Risiko für den hochempfindlichen Elektrolytenhaushalt des Körpers. Doch wie dem auch sei: Für Leute, die sich von ein paar lästigen Pfunden verabschieden wollen, ist Wasserverlust (wie auch immer er zustandegekommen ist) die falscheste aller Diät-Maßnahmen. Denn Fettverlust ist das eigentliche Ziel Ihrer Bemühungen.

3. Der Magen-Darm-Trakt
Ein guter Wasserhaushalt sorgt für weichen Stuhl und hilft so der Verdauung.

4. Die Atemwege
In trockener oder kalter Luft agiert Ihre Lunge als unersetzliche Luftbefeuchtungsanlage. Was da bei Frost Ihrer Nase entweicht, ist nichts als das durch die Kälte kondensierte Wasser, daß Ihr Körper bei jedem Atemzug verliert. Dasselbe passiert natürlich auch bei jedem unsichtbaren Atemzug in warmer, trockener Luft. Wird das so verpuffte Wasser nicht wieder zugeführt, verdichtet sich die Schleimauskleidung der Lunge möglicherweise zu einer zähen Masse, wodurch Sie letztendlich für Atemwegserkrankungen anfällig werden.

5. Der Harntrakt
Auch in diesem Bereich gibt es ausschließlich Positives über eine gute Wasserversorgung zu berichten. Je größer der Urin-›Output‹, desto seltener treten Harnwegprobleme, wie Steine oder Blasen- und Nierenentzündungen, auf. Ebenso schwemmt Wasser Stoffwechsel-Abfallprodukte aus dem Blutstrom. Ohne ausreichende Wasserversorgung kann es zum gefürchteten Nierenversagen kommen. Die häufigsten Konsequenzen: Geistesabwesenheit, Erschöpfung, Blutdruckanstieg, Flüssigkeitseinlagerungen, etc.
Großstadt-Leitungswasser mag zwar ungefährlich und billig sein, doch eignet es sich in den meisten Fällen eher zum Geschirrspülen und Rasensprengen als zum Trinken. Dies führt nicht selten dazu, daß Patienten meine ›Acht-Gläser-Wasser-Anweisung‹ einfach nicht befolgen wollen. Vom praktischen Standpunkt aus betrachtet, ist es wahrlich auch

nicht sehr verlockend, eine trübe Chemie-Brühe mit metallischem Nachgeschmack trinken zu müssen, und dann gleich acht Gläser am Tag. Viele Patienten, die meinem Rat beflissen folgten, dabei aber Leitungswasser verwendeten, sind nach anfänglichem Enthusiasmus bald wieder in alte Trinkgewohnheiten zurückgefallen, einfach wegen des scheußlichen Geschmacks.

Destilliert ist das Lebenselixier am reinsten, aber auch am geschmacklosesten. Sehr gut schmeckt dagegen natürliches Quell- oder Mineralwasser: Regen oder geschmolzener Schnee, der in Jahrzehnten durch Sand- und Gesteinsschichten gesickert ist und sich in tiefen, sauberen Tümpeln, im Erdinneren gesammelt hat. Je nach der spezifischen Bodenbeschaffenheit hat jede Quelle einen anderen Mineralgehalt und somit einen anderen Geschmack. Daher sollte es nicht allzu große Schwierigkeiten bereiten, ein Wässerchen zu finden, das Ihnen zusagt.

Nordamerikaner sind leidenschaftliche Wassertrinker – nur muß es zuckrig sein (Limonade, Säfte), Alkohol enthalten (Bier, Wein) oder eine gehörige Koffeindosis bieten (Kaffee, Tee oder Eistee). Zum Durstlöschen wäre aber nur das pure Wasser vonnöten. Wenn Sie statt dieser Getränke nun Ihr Lieblingsmineralwasser kaufen, werden Sie dafür im großen und ganzen weniger Geld ausgeben, die Zahnarztrechnung niedrig halten und Ihre Streßabwehrkräfte mobilisieren.

Ein Wort zum Thema ›Jet-Lag‹

Mit Jet-Lag ist die physiologische Desorientierung aller körperlichen und geistigen Funktionen bei Langstreckenflügen über mehrere Zeitzonen gemeint. Ein Phänomen, das vor allem Geschäftsreisende ärgert, denn die Entscheidungskraft und Geistesgegenwart nehmen ganz erheblich durch diese Reise-Erschöpfung ab.
Zum Teil sind diese körperlichen Veränderungen – hervorgerufen durch unseren inneren 12-Stunden-Rhythmus – ein unabwendbares Übel. Doch bietet ein Langstreckenflug viele ›Versuchungen‹, die die Auswirkungen des Jet-Lag noch verschlimmern: die nächtliche Filmvorführung, die kostenlosen Alkoholika und schwere Mahlzeiten (die überdies auch noch zu solch unmöglichen Zeiten serviert werden, daß unsere innere Uhr total aus dem Takt kommt).
Der Hauptverursacher ist aber erstaunlicherweise die Entwässerung des Körpers: In einem Flugzeug mit Druckausgleichsanlage liegt die Luftfeuchtigkeit während des Fluges bei weniger als zwei Prozent. Die Außentemperatur beträgt -40° Celsius. Wird diese Kaltluft nun auf Zimmertemperatur erwärmt, trocknet sie extrem aus. Die einzigen Luftfeuchtigkeitsquellen sind die warmen Körper der Passagiere, die dafür sorgen, daß wenigstens zwei Prozent Luftfeuchtigkeit herrschen. Das Körperwasser wird durch die Haut an die Luft abgegeben (daher auch trockene Haut und trockener Mund bei Langstreckenflügen). Doch der größte Wasserverdunster des Körpers ist die Lunge. Bei jedem Atemzug wird dem Körper Wasser entzogen. Das Resultat: Dehydration. Die meisten Passagiere versuchen diesen Flüssigkeitsverlust durch alkoholische Getränke auszugleichen, was die Entwässerung des Körpers aber noch vorantreibt. Die Lösung ist klar: Trinken Sie auf Ihrem Langstreckenflug soviel Minieralwasser wie eben möglich, mindestens aber ein bis zwei Gläser die Stunde.

Kapitel 6

Übergewicht und Streß

Rund 40 Prozent aller Nordamerikaner (und auch der deutschen Bundesbürger) wiegen zuviel. Übergewichtig ist, wer sein Idealgewicht um mehr als 10 Prozent überschreitet. Ihr Idealgewicht errechnet sich folgendermaßen: Körpergröße in Zentimeter minus 100 minus 10 Prozent. Eine Frau von 1,65 m dürfte danach 58,5 kg (165–100=65–6,5 (10 Prozent) = 58,5 kg) wiegen.

Natürlich variieren diese prozentualen Angaben je nach Körperbau. Doch wenn Sie körperlich fit und im Badeanzug stolz auf Ihr Spiegelbild sind, dann wissen Sie, daß Sie Ihr persönliches Idealgewicht haben. Übergewicht ist also ganz einfach eine unausgewogene Gleichung. Um übergewichtig zu werden, müssen Sie mehr Kalorien verzehren als Sie verbrennen können. Der Überschuß wird dann für schlechte Tage als Fett aufbewahrt. Da gibt es kein Wenn und Aber – dies ist ein ganz simples Naturgesetz.

Die meisten übergewichtigen Menschen sind Profis im Verdrängen bestimmter Tatsachen. Einer meiner Patienten behauptete, er brauche das Essen nur zu sehen, um dick zu werden. Alle seine Arbeitskollegen könnten sich mittags den Bauch vollschlagen und würden trotzdem dünn bleiben. Er jedoch äße nur einen kleinen Salat zu einem

Mineralwasser und werde kontinuierlich dicker. Er glaubte allen Ernstes, daß er vom Pech verfolgt und ein zu guter Futterverwerter sei. Nach langem und nicht lockerlassendem Nachfragen stellte sich heraus, daß dieser Patient Nußpralinen gleich schachtelweise in sich hineinstopfte und daß er vor dem Zubettgehen ›übriggebliebene‹ Sandwiches und Chips aß. Er kam am Tag auf sage und schreibe 3500 Kalorien, während er nur 1500 verbrauchte. Er wog 119 Kilo bei einer Körpergröße von 1,75 m, hatte also an die 50 Kilo Übergewicht.

Übergewichtige Menschen verleugnen oft, daß sie viel essen. Sie erinnern sich dafür aber hartnäckig an jedes Detail eines sehr bescheidenen Mittagessens – die gelegentliche halbe Grapefruit und die paar Möhrenscheiben, die sie den ganzen Tag über zu sich nehmen. Es darf jedoch nicht vergessen werden, daß ›Freßgelage‹ (auch wenn sie nur einmal im Monat stattfinden) zu den anderen Kalorien hinzugezählt werden müssen. Es hat also keinen Zweck, von Montag bis Freitag eine 800-Kalorien-Diät zu machen, wenn Sie sich am Wochenende mit Heißhunger auf Erdnüsse, Chips, Schokolade und andere Dickmacher stürzen und dabei so ganz nebenbei 6000 Kalorien (= 1 kg mehr auf der Waage) in ein paar Minuten vertilgen. Und wenn diese Kalorien aus Ihrem Gedächtnis schwinden, so verschwinden sie noch lange nicht von Ihren Hüften.

Diese zusätzlichen Kalorien, die Ihr Gewicht unaufhörlich klettern lassen, müssen zu der durchschnittlichen Kalorienzufuhr gezählt werden. Vergessen Sie auch nicht, daß Naschen *Tausende* von zusätzlichen Kalorien jeden Tag bedeuten kann. Und das, ohne Ihnen das Gefühl zu vermitteln, überhaupt etwas gegessen zu haben. Das trifft besonders dann zu, wenn Sie Lebensmittel knabbern, die wenig Ballaststoffe enthalten und daher nicht satt machen.

Übergewicht selbst ist nicht das Problem, sondern das *Resultat* Ihres Problems. Die wahren Ursachen liegen meist tiefer. Oft stellt sich heraus, daß folgende Probleme dahinterstehen:

1. Langeweile
2. Übermäßiger Streß
3. Lebensstil oder Gruppenzwang
4. Schlechtes Selbst-Image (Frust, Unglücklichsein, Depressionen)
5. Alles zusammen

1. Langeweile kann zu Übergewicht führen

Sind Sie gelangweilt? Ertappen Sie sich manchmal dabei, daß Sie Ihre Gewürze alphabetisch ordnen? Oder arrangieren Sie Ihre Gartengeräte und das Kinderspielzeug nach der Größe?

Wenn Langeweile ein Faktor ist, der Sie zu bestimmten Tageszeiten an den Kühlschrank treibt, dann sollten Sie diese Tageszeiten dazu nützen, etwas gegen Ihre Langeweile zu tun. Mit anderen Worten: Wenn Sie sich abends langweilen und dann am meisten essen, wäre dies die ideale Zeit für sportliche und andere Freizeitaktivitäten, die langfristig Spaß machen. Liegestütze in der Sauna ein paar Tage hintereinander sind zwar ein schweißtreibender, aber sicher nicht sehr schöner Zeitvertreib. Dagegen ist eine wesentlich angenehmere Ablenkung, auf Sportveranstaltungen zu gehen. Dies natürlich nur, wenn Sie sich bezähmen und einen großen Bogen um Würstchen- und Bierstände machen.

Überprüfen Sie Ihren gesamten Lebensstil, wenn Sie sich

langweilen, und seien Sie ehrlich zu sich selbst. Fragen Sie sich, ob Sie Ihre Interessen und Fähigkeiten soweit ausschöpfen, daß Sie Ihr Leistungspotential erreichen. Wenn Sie diese Frage mit ›nein‹ beantworten müssen, sollten Sie versuchen, irgend etwas zu ändern. Besuchen Sie doch einfach ein paar Abendkurse, um Ihre Fertigkeiten noch zu verbessern. Schon diese Kurse allein oder eine folgende Halbtagsarbeit könnten einen großen Gewinn bedeuten.

Langeweile ist weder geschlechtsspezifisch noch altersabhängig. Wie der Langeweile von Kindern und Teenagern beizukommen ist, darüber herrscht bei den Eltern gar kein Zweifel: Die unterbeschäftigten Kleinen brauchen Disziplin, die ihren Tagesablauf ordentlich strukturiert und ihnen das Gefühl der Zweckmäßigkeit gibt. Doch vergessen wir, daß dieselben Prinzipien gegen die Langeweile von Erwachsenen und Senioren wirken. Denn sobald Langeweile um sich greift, gesellt sich Übergewicht schnell dazu. Wenn der Höhepunkt des Tages natürlich in dem Verzehr von ein paar Stücken Kuchen besteht, dann sollten Sie Ihre Prioritäten mal überprüfen, sich einen Ruck geben, Ihren Alltag neu organisieren und mehr Glück in Ihr Leben bringen, das sich aus anderen Quellen speist.

Ich habe mir von Patienten sagen lassen, daß sie es vorziehen, für den Rest ihres Arbeitslebens dieselbe stupide, monotone Arbeit zu machen, da sie nicht auf den gewohnten Lebensstandard verzichten wollen. Es wäre ja möglich, daß sie in einem neuen Job ein paar Dollar weniger verdienen würden. Wenn diese Patienten einmal genau durchrechneten, wieviel Geld sie tatsächlich benötigen, dann würden sie herausfinden, daß sie mit weniger auskommen könnten. Insbesondere, wenn sie den Streß, den der falsche Job mit sich bringt, dadurch ausschalten könnten, daß sie statt über mehr Geld über mehr Glück verfügen.

Wenn Sie auf das Geld aber nicht verzichten wollen, dann könnte ja vielleicht ein Familienmitglied eine Nebenbeschäftigung annehmen, die seinen Interessen entgegenkommt.

2. Streß als Grund für Völlerei

Wie wir in Kapitel 2 gesehen haben, ist Übergewicht eine unnormale physiologische Streßreaktion. Denn Ihr Körper neigt bei Streß eher dazu, Ballast abzuwerfen, durch einen erhöhten Schilddrüsenhormonspiegel auf Volltouren Fettdepots und Zucker zu verbrennen. Doch haben viele Menschen eine überwältigende orale Fixierung aus frühen Kindertagen: Unter Streß geraten sie in Panik und stecken irgendetwas in den Mund. Mein Großvater hat dies als ›Ellbogen-Mund-Reflex‹ bezeichnet: Sobald sie den Ellbogen beugen, öffnet sich ganz automatisch der Mund. In vielen Fällen äußert sich dieser orale Drang im Zigarettenkonsum oder in Völlerei, oft sogar in beidem. Oral fixierte Leute sind passionierte Kaugummikauer, Pfefferminzlutscher, Nägelkauer und Raucher. Manchmal schaffen sie es sogar, alles gleichzeitig zu tun.

Einige meiner Patienten wissen durchaus, daß das übermäßige Essen aus Streß schädlich ist. Sie wissen, daß sie nach ein paar Minuten ein fürchterlich schlechtes Gewissen haben werden. Manchen ist dies sogar *während* des Essens bewußt. Sie können dann, ihren eigenen Aussagen nach, aber einfach nicht aufhören. Viele geben zu, daß sie in solchen Augenblicken besonders schnell essen, als ob ihr Unterbewußtsein damit vermeiden wollte, beim Essen erwischt zu werden, sogar beim eigenen Bewußtsein. Die-

ses Eßtempo führt natürlich nur dazu, daß Ihr Magen zu einer reinsten Müllpresse wird und viel größere Mengen aufnehmen kann, bevor er erschöpft ›stop‹ schreit.
Ein appetitlich angerichtetes Menü bringt wunderbare Erlebnisse für Geruchs- und Geschmackssinne, die nicht selten rauschhaften Charakter annehmen. Die Aussicht, nach einem besonders anstrengenden Tag die Lieblingsspeise vorgesetzt zu bekommen, hat schon etwas Verlokkendes an sich. Doch kann eine solche Mahlzeit durchaus ein Teil Ihrer ausgewogenen Ernährung sein. Übergewichtige neigen jedoch dazu, unter Streß das Sättigungsgefühl zu ignorieren und soviel zu essen, daß sie bei der Befriedigung ihres Oraltriebes den Magen überlasten.

3. Lebensstil und Gruppenzwang als Grund für übermäßiges Essen

Ein falscher Lebensstil kann eine der nachhaltigsten Ursachen für übertriebene Eßsucht sein, denn die Anfänge liegen in der frühesten Kindheit. Wohlmeinende Eltern üben Druck auf ihr Kind aus, denn sie sind der Meinung, nur ein rundliches Baby sei ein gesundes Baby. Sie glauben, daß der Teller unbedingt leer gegessen und eine gute Leistung mit Bonbons belohnt werden müßte. Diese Kinder ahmen ihre Eltern dann später nach, indem sie bei jeder Einladung Tonnen von Speisen auffahren lassen, möglichst solche, die dick machen. Seit frühester Kindheit verbinden sie diverse Situationen und Emotionen mit Essen, – eine Einstellung, die zu lebenslangen schlechten Eßgewohnheiten führen kann.
Gruppenzwang setzt meist dann ein, wenn übergewichtige

Kinder eine ›Interessengemeinschaft‹ bilden, die sich hauptsächlich um das Thema Nr. 1 – ums Essen – dreht. Diese Kinder haben aber noch einen gemeinsamen Nenner: Sie sind inaktiv. Sie mögen zwar viel Radau machen, sich sehr aktiv und energiegeladen geben, doch verbrennen sie in Wahrheit nur sehr wenige Kalorien bei körperlicher Betätigung. Übergewicht beginnt bei Kindern meist im Alter von sechs Jahren zur Einschulung.

Im Idealfall sollte jede Schule den Tag mit vierzig Minuten Frühsport beginnen. Die erste Viertelstunde sollte dabei Dehn- und Aufwärmübungen gewidmet sein, gefolgt von zwanzig Minuten intensiven Sports und fünf Minuten Übungen zum Abkühlen. Die verbesserte Konzentrationsfähigkeit und Aufmerksamkeit der Schüler sollte die für den normalen Lehrstoff ›verlorene Stunde‹ eigentlich mehr als wettmachen. Auch könnte ein solches Sportprogramm zur lebenslangen Gewohnheit werden, wodurch Altersträgheit eigentlich bald der Vergangenheit angehören müßte.
Dieser Punkt bringt uns wieder zurück zu der Bedeutung des Gruppenzwangs: Wenn alle Ihre Freunde Sport treiben, werden Sie sich ihnen wahrscheinlich anschließen. Wenn sie jedoch der Freßlust frönen und sitzende Tätigkeiten vorziehen, dann werden Sie sich wahrscheinlich genötigt fühlen, ihnen bei diesen Inaktivitäten Gesellschaft zu leisten.
Doch sobald Sie sich regelmäßig bewegen und die befriedigende Erschöpfung und Muskelschwäche nach dem Sport verspüren, werden Sie sich Ihres Körpers bewußt und weniger dazu neigen, ihn geistesabwesend vollzustopfen. Ein zusätzliches ›Diät-Bonbon‹: Das durch die körperliche Aktivität ausgeschüttete Endorphin ist ein natürlicher Appetitzügler.

4. Schlechtes Selbst-Image als Grund für übermäßiges Essen

Mangelhaftes Selbst-Image ist wahrscheinlich eine der wichtigsten Ursachen für Übergewicht. Oft wird das sofort sichtbar durch Kleidung und Körperhaltung. Ich habe mir im Gespräch mit buchstäblich Hunderten von Übergewichtigen den Mund fusselig geredet, die alle dem Klischee des ›gemütlichen Dicken‹ entsprechen wollten. Alle ohne Ausnahme gaben zu, dieses Image als Fassade zu benutzen, hinter der sich ihre wahren Probleme (die oft genug mit ihrem schlechten Selbstbild zu tun haben) verbargen.

Die gemütliche Aufgeschlossenheit ist tatsächlich ein recht guter Verteidigungsmechanismus gegen kränkende Witzeleien anderer. In einer solchen Lage ist es absolut lebenswichtig, über eine gehörige Portion Humor zu verfügen.

Wenn Sie morgens aufstehen, sollten Sie sich selbst und Ihren Körper an die Spitze Ihrer Tagescheckliste setzen. Viele Menschen haben eine ellenlange Liste mit Aufgaben, die sie für andere erledigen sollen. Doch gibt es auf einem solchen Tagesplan keine Rubrik ›Eigener Körper‹. Wenn Sie unter einem schlechten Selbstbild leiden, versuchen Sie, sich positiver zu sehen. Gehen Sie am Morgen ins Badezimmer und begrüßen Sie sich im Spiegel mit einem Augenzwinkern und mit einem fröhlichen ›Guten Morgen, du Schönheit!‹ Die Tatsache, daß Ihr morgendliches Spiegelbild ein gar schrecklicher Anblick sein könnte, da Ihre Silhouette Sie an einen aufgeplusterten Hühnerhabicht erinnert, sollte Sie nicht von ihrer Aufgabe abbringen. Vergessen Sie aber nicht, sich angezogen wieder vor dem Spiegel aufzubauen. Da gefallen Sie sich schon viel besser, und dieses Gefühl sollte Sie den Tag hindurch begleiten.

Ein schlechtes Selbstbild kann durchaus überwunden werden. In jedem Leben kommt eine Zeit, in der Kindheitstraumata als Gründe nicht mehr so stichhaltig sind. Im Leben eines Erwachsenen sind nämlich alle (vernünftigen) Ziele erreichbar – durch Eigeninitiative, Unternehmungsgeist, Mut und vor allem Energie. Wenn Sie Ihre Ziele zu niedrig stecken, sind sie zu leicht erreichbar, so daß Sie diese wichtigen Eigenschaften bei der Verwirklichung nicht entwickeln müssen. Mit einem positiven Selbst-Image gibt es nichts, was nicht im Rahmen Ihrer Fähigkeiten und Fertigkeiten erreichbar wäre.

Schönheit, Schlankheit, Luxus und Reichtum sind die Erfolgsmarken, die die Massenmedien uns jeden Tag als erstrebenswerte persönliche Ziele vorsetzen. Und die stehen im scharfen Kontrast zu den Realitäten der meisten Menschen. Wenn man nun auch noch versucht, mit diesen Illusionen zu konkurrieren, sinkt das angeknackste Selbstwertgefühl immer tiefer. Sie sollten Ihre Ansprüche daher etwas zurückschrauben und sich fragen: Habe *ich* das Beste aus *meinen* Fähigkeiten gemacht? Meine übergewichtigen Patienten quittieren diese Frage meist mit einem resignierenden Schulterzucken – sie versuchen noch nicht einmal, das Beste aus sich herauszuholen. Sie haben sich einfach aufgegeben, stempeln sich selbst als ›fett‹ ab und sehen keine Chance für Selbstvervollkommnung.

»Egal, ob Sie glauben ›ich kann das‹ oder ›ich kann das nicht‹: Sie liegen wahrscheinlich jedesmal richtig.«

Henry Ford

Wenn Sie sich für fett halten, werden Sie zwangsläufig irgendwann fett. Wenn Sie meinen, daß Sie ohne Lebensinhalt freud- und freundlos vor sich hinleben, dann wird dies eines Tages auch eintreffen. Solch negative Bilder sind selbstzerstörerisch und entwickeln schnell eine gefährliche Eigendynamik. Es ist aber überhaupt nicht einzusehen, daß irgendjemand langfristig ein schlechtes Selbstbild haben sollte – trotz aller Rechtfertigungen, die dafür ins Feld geführt werden. Die Rechtfertigung, die ich am häufigsten aufgetischt bekomme, geht dahin, daß die Leute seit frühester Kindheit gehört haben, daß sie nicht nach den Sternen greifen sollen, da sie niemals die erforderliche Kompetenz erreichen würden.
Dies ist absoluter Blödsinn, aber vor allem Frauen lassen sich durch solche verantwortungslosen Elternprophezeiungen entmutigen. Vielleicht ist auch dies ein Grund, daß mehr Frauen als Männer übergewichtig sind (wenn man hormonelle Erwägungen einmal ganz außer acht läßt).
In früheren Generationen galten Mädchen meist als Anwärterinnen auf zweitklassige Berufe. Für wirklich interessante Karrieren kamen sowieso nur die Jungen infrage. Gleichgültig, ob diese Diskriminierung absichtlich oder unbewußt erfolgte – das Resultat war immer das gleiche. Es gab nur sehr wenig ›akzeptable‹ Berufe für Mädchen. Die Überlegung, die dahinterstand, war, daß Mädchen ohnehin irgendwann heiraten würden und daher keine Karriere anzustreben brauchten. Als Erwachsene erfüllen diese Mädchen dann auch nur niedrige Erwartungen: Wenn sie überhaupt zum Familieneinkommen beitragen, dann als Arbeiterinnen am unteren Ende der Sozialskala.

Sie haben die Wahl

Übergewicht läßt sich durch verschiedene Techniken, einschließlich Selbsthypnose oder positives Denken, reduzieren. Ich erinnere mich noch gut an eine Patientin, die nach der Geburt ihres zweiten Kindes enorm zunahm. Ein fünf Jahre altes Bild, das sie schlank im Bikini zeigte, gab ihr den nötigen Antrieb für eine erfolgreiche Gewichtsreduktion. Sie heftete dieses Bild einfach an die Kühlschranktür mit der Notiz: *»Du* hast die Wahl. Du kannst Dich *dafür* entscheiden (Pfeil auf das Bild) oder *dafür* (Pfeil auf den Türgriff des Kühlschranks).« Mit dieser Methode entwikkelte sie ein positives Selbstbild, das ihr half, den Gedanken ans Essen zu vertreiben. Zweifellos können auch Sie solche wirksamen Lieblingstechniken entwickeln. Nehmen Sie sich also ein Beispiel!

Die ›Ich liebe Essen‹-Rechtfertigung

Dies ist eine Entschuldigung, die irgendwann jeder Übergewichtige fürs Dicksein ins Feld führt. Doch wir alle essen gerne, wir alle haben unsere Lieblingsspeisen. Der Unterschied besteht darin, daß Dicke einen gestörten Sinn für Proportionen haben, und daß sie der Liebe zu bestimmten Speisen einen größeren Wert beimessen als anderen Aktivitäten, ja, als dem Leben selber. Denn schon geringes Übergewicht (mehr als 10 Prozent über Ihrem Idealgewicht) kann Ihrer Gesundheit schaden. Daher liegt es auf der Hand, daß Sie, als echter Liebhaber feiner Küche, diesen Genuß durch Maßhalten um viele Jahre verlängern können. Mißbrauchen Sie dieses Privileg also nicht!

Kapitel 7

Ernährungstips für mehr Spaß am Streß

Wichtig: Machen Sie keine Diät – essen Sie normal

Schon das Wort *Diät* klingt nach Sühne und Selbstgeißelung: Sie haben sich durch übermäßiges Essen *versündigt*, und jetzt müssen Sie mit einer Diät dafür *büßen*. Ein kleines Wort, das ein grelles Schlaglicht auf alle negativen Eigenschaften Ihres Charakters wirft – schwache Willenskraft, Disziplinlosigkeit, heimliches Essen, das offen geleugnet wird, usw. Bei jedem Gebrauch dieses einen Wortes verhärten sich die negativen Selbstbilder, bis sie mehr und mehr Wirklichkeit werden.

Der erste Schritt zur Behandlung von Übergewicht muß immer in der Feststellung der wahren Ursachen liegen (s. Kapitel 6). Denn sobald der eigentliche Feind erkannt ist, können Sie all Ihre Energien mobilisieren, ihn zu bekämpfen.

Ich versuche an Übergewicht möglichst positiv heranzugehen, das heißt die positiven Eigenschaften meiner Patienten hervorzuheben. Denn sie sollten sich ihrer guten Seiten, wie Humor, Intelligenz oder Geselligkeit, bewußt werden und danach streben, sie für andere Bereiche nutzbar zu machen. Eine übergewichtige Patientin hat es zum Beispiel tatsächlich geschafft, ihre ebenfalls übergewichtigen Bridge-Schwestern zu einem Aerobic-Kurs zu überreden. Allein wäre keine der Damen im Traum darauf gekommen, einen solchen Kurs zu belegen. Zur allseitigen Überraschung hatten sie noch nie so vergnügliche Stunden miteinander verbracht, bei denen sie überdies auch noch etwas für ihre Figur taten. Außerdem gerieten sie bei diesem sportlichen Beisammensein nicht in Versuchung,

Regeln zum Abnehmen

1. Nehmen Sie für den Rest Ihres Lebens nur ausgewogene Mahlzeiten zu sich, die alle sechs lebenswichtigen Elemente enthalten (s. Kapitel 5). Es hat keinen Zweck, sich kurzfristig in Mode-Diäten zu stürzen, die nur einige dieser Elemente zulassen.
2. Essen Sie nur vom Teller. Ein kleiner Teller wird Ihre Mahlzeit größer erscheinen lassen als ein großer, auf dem das Essen eher mickrig wirkt.
3. Verführen Sie sich zu den richtigen Snacks. Bewahren Sie zum Beispiel eine Schüssel mit Möhren griffbereit im Kühlschrank auf, so daß Sie, wenn der Magen knurrt, die Karotten nicht erst schaben müssen.
4. Setzen Sie sich zum Essen an einen Tisch. Bei jeder Mahlzeit, die im Stehen oder vor dem Fernseher hinuntergeschlungen wird, ist es möglich, daß Sie unbemerkt zuviel essen. Bei Tisch werden Sie jedoch vom Essen nicht abgelenkt.
5. Essen Sie nur vor Zeugen. Essen Sie niemals hinter dem Rücken anderer. Ist Ihnen schon einmal aufgefallen, wie wenig die meisten Dicken bei Einladungen essen? Dünne Leute essen dagegen große Por-

sich ganz nebenbei mit unnötigen Kalorien zu belasten. Statt dessen konnten die Bridge-Damen stolz auf sich sein und ihrem Leben mutig neue, bessere Ziele geben.
Wenn Sie bei Streß zu übermäßigem Essen neigen, sollten Sie verlockende Alternativen zu dem Gedanken ans Essen entwickeln. Denn wenn Sie sich zwischen Nichts und einem warmen Apfelstrudel entscheiden müßten, werden Sie wahrscheinlich letzteres wählen.

tionen – für jedermann sichtbar. Aber das ist wahrscheinlich auch schon alles, was sie essen. Sie neigen nicht so zu heimlichen Freßorgien wie Übergewichtige.

6. Hüten Sie sich vor kalorienhaltigen Getränken. Und zählen Sie die flüssigen Kalorien zu Ihrer Gesamtsumme hinzu. Führen Sie sich immer vor Augen, daß diese Kalorien genauso dick machen wie andere.
7. Finden Sie die *wahre* Ursache Ihres Dicksein (s. Kapitel 6) heraus und tun Sie etwas dagegen.
8. Belohnen Sie sich nicht mit Süßigkeiten. Finden Sie Alternativen, sich etwas Gutes zu tun.
9. Kaufen Sie niemals ein, wenn Sie hungrig sind. Ganz abgesehen davon, daß Sie dann viel mehr kaufen als Sie eigentlich brauchen, werden die Einkaufstüten wahrscheinlich halbleer sein, wenn Sie zu Hause ankommen.
10. Fangen Sie *heute* an. Verschieben Sie Ihren Entschluß nicht auf Silvester, und warten Sie nicht ab, bis ein plötzlicher Brustschmerz Sie darauf aufmerksam macht, daß mit Ihnen etwas nicht stimmt. Fragen Sie Ihren Arzt um Rat.

Wenn Sie andererseits die Wahl zwischen Essen und *Kontrolle* haben, dann wird Ihnen die Euphorie und Genugtuung über die eigene Willenskraft als eine so tolle Alternative erscheinen, daß es Ihnen leicht fällt, angebotenes Essen abzulehnen. Zumindest wird die Vorstellung vom Essen nach und nach ihren Reiz verlieren angesichts der Zufriedenheit, die eine positive Selbstkontrolle verleiht. Vielleicht schaffen Sie es sogar, den Gedanken ans Essen als dumme Gefräßigkeit zu belächeln. Der Trick besteht darin, in Streßzeiten ein positives Selbstbild heraufzubeschwören, während Streß sonst nur ein einziges Bild produzierte, nämlich das des duftenden, warmen Apfelstrudels. Doch erfordert dies einiges an Konzentration, Denken, Vorstellungskraft und Übung. Aber: Nichts ist unmöglich.
Da wir die verschiedenen Ursachen für übermäßiges Schlemmen identifiziert haben, können wir uns nun den Gegenmaßnahmen widmen. Zunächst müssen Sie sich Klarheit über die Kalorienmengen verschaffen, die Sie tagtäglich verzehren (s. Anhang C).
Die meisten übergewichtigen Menschen bekommen nämlich einen ganz schönen Schock, wenn sie merken, daß sie ein paar tausend Kalorien am Tag zu sich nehmen. Natürlich variiert die Kalorienzahl, die der Verdauungstrakt dem Essen entzieht, von Mensch zu Mensch. Ebenso verbrennt nicht jeder die gleiche Kalorienzahl im Schlaf.
Der absolute Stoffwechselgrundbedarf (das ist die Kalorienmenge, die der ruhende Körper pro Tag zur Aufrechterhaltung der Lebensfunktionen benötigt) liegt bei ungefähr 800 Kalorien. Wer mit einem höheren Stoffwechselgrundbedarf gesegnet ist und ohne Anstrengung an die 1500 Kalorien verbrennt, wird auch bei unablässiger Schlemmerei nicht dick. Andere, weniger beneidenswerte Zeitgenossen verbrauchen im Ruhezustand vielleicht nur

400 Kalorien und tun sich daher beim Abnehmen besonders schwer. Die einzige Möglichkeit, den Stoffwechsel anzuregen, besteht nun einmal in körperlicher Aktivität.

Geselligkeit bedeutet nicht das große Fressen

Die meisten Leute glauben, daß ein guter Gastgeber Lastwagenladungen an Eßwaren auffahren muß, und versuchen daher, diesem Bild nachzueifern. Doch bedenken Sie, wie oft Sie schon auf eine kleine Stippvisite bei der Nachbarin vorbeigeschaut haben, ohne daß Sie dabei Hunderte von sinnlosen Kalorien in sich hineinschaufeln mußten – Kalorien, die Sie allein nie gegessen hätten. Sie müssen es lernen, eine nette Unterhaltung nicht als willkommenen Vorwand fürs Essen zu sehen. Außerdem: Wenn es nur die nebenher verzehrten Kalorien sind, die das Gespräch in Gang halten, dann war es ohnehin kein sehr interessanter Plausch.

Die meisten Diätpläne sind aus dem Grund zum Scheitern verurteilt, weil dadurch oft doppeltes Kochen nötig wird, wenn Sie nicht die gesamte Familie auf Diät setzen wollen. Restaurantbesuche, Hochzeiten und Abendeinladungen sind natürlich tabu: Sie denken den ganzen Tag an nichts anderes als an Essen.

Wenn Sie mit einer Diät gute Erfahrungen machen, sollten Sie natürlich dabei bleiben. Falls Sie aber nach sechsmonatiger Diät merken, daß der Zeiger auf der Waage wieder merklich nach rechts ausschlägt, dann taugt die Diät nichts. Noch eine Warnung: Beim Diäthalten sammeln Sie keine neuen Erkenntnisse über sich, Ihre Gewohnheiten oder Ihre wahren Probleme. Nach jeder Diät werden Sie mehr oder weniger schnell in Ihre alten Lebens- und Eßgewohnheiten verfallen und bald das nächste Diätkochbuch kaufen.

»Ich kann mir nicht helfen. Ich bin einfach ein zu guter Futterverwerter!« Falsch, Sie futtern einfach zuviel.

Schlüsselwort ›Maßhalten‹

Genießen Sie um Himmels willen Ihr Essen. Essen Sie langsam. Und versuchen Sie auch, alles so appetitlich wie möglich anzurichten. Wenn Sie jedoch aufgegessen haben, sollten Sie keinen Gedanken mehr ans Essen verschwenden. Daher gilt die Empfehlung, Kalorien zu zählen, auch nur für die ersten paar Wochen. Lassen Sie die Zählerei nur ja nicht zur Besessenheit werden. Solange es mit Ihrem Gewicht bergab geht und Sie etwa 1 Pfund pro Woche abnehmen, brauchen Sie keine Kalorien zu zählen. Wenn Ihr Gewicht jedoch länger als zwei Wochen stagniert oder sogar wieder klettert, müssen Sie herausfinden, warum. Dann ist es angebracht, zu den Anfängen zurückzugehen und über die Kalorienzufuhr Buch zu führen. Doch ist es auch dann immer noch wichtig, daß Sie sich ab und zu Ihre Lieblingsspeisen gönnen. Sind Eisbecher mit Sahne und Maraschinokirschen Ihre Leidenschaft? Dann sollten Sie sich diese Passion nicht grundsätzlich verweigern, auch wenn solche Speisen auf keinem Diätfahrplan zu finden sind. Natürlich sollte es eine kleine Portion sein, die Sie möglichst dann zu sich nehmen, wenn alle anderen das gleiche essen, aber nicht häufiger als einmal pro Woche! So wird es Ihnen nämlich nichts ausmachen, wenn Sie sehen, daß andere einen Eisbecher genießen oder, noch schlimmer, wenn Sie Ihrer Familie ein Eis zum Dessert servieren. Mäßigung ist ein äußerst wichtiger Faktor. Im Grunde müssen Sie nur lernen, *normal* zu essen und zu leben. Essen sollte ein Genuß sein, aber beileibe nicht der einzige. Ihre Zeit ist einfach zu kostbar, um sie auf diese eine Nebensache zu verschwenden.

Vorsicht vor Fastenkuren!

Nach monate-, jahre-, ja oft jahrzehntelangem erfolglosen Kampf gegen den Kühlschrank werden die meisten Übergewichtigen vom Frust oder der Wut auf sich selbst gebeutelt. Sie wollen um jeden Preis abnehmen, und dies möglichst schnell, und sind daher besonders anfällig für Wunderdiäten, die einen rapiden Gewichtsverlust über Nacht versprechen. Am zweckdienlichsten scheint es natürlich, eine Fastenkur zu machen, denn bei keiner Diät kann man schneller abnehmen als bei einer Null-Diät.

Doch halt! Wie lange, glauben Sie, werden Sie eine solche Radikalkur durchhalten? Wenn Sie sich überlegen, daß Sie ein 3000-Kalorien-Defizit brauchen, um ein einziges Pfund loszuwerden, dann heißt das – auf eine Woche verteilt – jeden Tag 500 Kalorien weniger essen oder dieselbe Summe durch Bewegung verbrennen. Ein Pfund Gewichtsabnahme pro Woche ist gar nicht so schlecht, wenn man bedenkt, daß Sie es bei solcher Reduktionskost leicht ein Jahr aushalten können. Dann brächten Sie 52 Pfund weniger auf die Waage. Und wieviel haben Sie im letzten Jahr abgenommen . . .?

Wenn Sie trotzdem meinen, daß Sie statt auf 500 auf 1000 Kalorien oder sogar auf 2000 verzichten können, dann verdoppelt bzw. vervierfacht sich natürlich Ihre Abnehmgeschwindigkeit: Bei einer um 1000 Kalorien reduzierten Kost nehmen Sie pro Woche zwei Pfund, bei 2000 Kalorien sogar 4 Pfund ab, usw.

Bei jeder Diät erhalten Sie anfangs durch den zusätzlichen Flüssigkeitsverlust einen ernormen Antrieb. Der erklärt sich aus der Tatsache, daß die Kalorien, die Sie sich jetzt verkneifen, mit Salz versetzt waren. Sobald der Salzkonsum eingeschränkt wird, gibt es für das überschüssige Wasser kein Halten mehr (s. Seite 40).

Kaloriengehalt einiger Lieblingsspeisen

1 mittelgroßer Apfel	75
¼ l Apfelsaft	115
1 Apfelsine	75
1 Apfeltasche	210
1 Banane	100
0,2 l Bier	85
½ Brathähnchen	300
1 Portion Bratkartoffeln	300
Brot	
– 1 Brötchen	140
– 1 Scheibe Knäckebrot	35
– 1 Scheibe Mischbrot	100
1 Klacks Butter	50
1 Butterkeks	20
¼ l Buttermilch	100
1 Cracker	10
1 Croissant	200
1 Kugel Eis	60
10 Erdnüsse	100
½ Grapefruit	30
10 Haselnüsse	70
1 mittelgr. Portion Heilbutt	100
1 EL Honig	65
Kaffee, schwarz	0
1 mittelgr. Kartoffel, gekocht	50
1 Portion frischer Lachs	250
1 Martini	125
⅛ l Orangensaft	55
Pommes frites, 30 Stäbchen	465
1 mittelgr. Portion Rippchen	320
1 Stück Sachertorte	400
1 EL Salatdressing	100
1 mittelgr. Schweinekotelett	350
Tee, schwarzer	0
¼ l Vollmilch	170
⅛ l trockener Weißwein	70
1 TL Zucker	18

Diese Liste soll Ihnen vor Augen führen, daß es an Ihnen liegt, wieviel Kalorien Sie täglich zu sich nehmen. Wenn Sie die schlimmen Kalorienbomben meiden, ist das schon die halbe Miete.
Natürlich ist es ein Schock, daß eine Stunde Hausarbeit nicht annähernd die Kalorienzahl verbraucht, die in einer lächerlichen Apfeltasche lauert. Das scheint ungerecht, aber so ist das Leben. Um sich ein Stück Sachertorte zu ›verdienen‹, müßten Sie schon eine ganze Stunde kräftig radeln.

Kalorienverbrauch pro Stunde* bei verschiedenen Aktivitäten

	Körpergewicht		
	59 kg	68 kg	115 kg
Aerobic	395	490	540
Autowaschen	205	155	280
Bergsteigen	535	665	730
Bodybuilding	800	900	980
Einkaufen	150	185	205
Essen	80	120	135
Garten umgraben	445	555	610
Gehen 3 km/h	270	226	366
Hausarbeit allg.	180	225	235
Kegeln	240	300	325
Lernen	100	120	135
Radfahren 15 km/h	370	460	505
Rasenmähen	225	280	295
Schachspielen	80	100	110
Schlafen	60	75	80
Schwimmen			
– Brustschwimmen	350	390	410
– Rückenschwimmen	390	440	460
Tennisspielen	380	470	520
Yoga	205	255	280

* Bei 2 Stunden verdoppelt sich der Verbrauch, bei einer halben Stunde wird er halbiert.

Sie sehen, es ist gar nicht so schwer, mehr zu essen, als man verbraucht. Oft treten Kalorien in äußerst geballter Form auf: 100 g Salzmandeln z. B. haben an die 700 Kalorien. In zehn Erdnüssen lauern 100 Kalorien (und wer ißt schon lediglich 10 Erdnüsse! Seien Sie ehrlich.) Und mit nur 3 Gläsern Limonade haben Sie 300 Kalorien aufgenommen, ohne daß Ihr Appetit dadurch im mindesten geschmälert würde.

Aktivieren Sie Ihren inneren Regulator

Ein Beispiel: Wenn ich eine Woche lang acht Stunden am Tag Ski laufe, kann ich 4000 Kalorien verzehren, ohne dabei zuzunehmen. Dann schadet es meiner Figur nicht, wenn ich Riesenmengen Pfannkuchen frühstücke, Schokoriegel nasche, große Lunchpakete vertilge und abends ein opulentes Dinner zu mir nehme. Denn ich verbrenne die paar tausend zusätzlichen Kalorien auf der Piste. Wenn ich dieselben Mengen aber im Alltag essen würde, wenn mein Grundumsatz bei 2000 Kalorien am Tag liegt, dann sähe ich bald aus wie eine zu groß geratene Avocado. Es ist also wichtig, seinen inneren Regulationsmechanismus den äußeren Gegebenheiten anzupassen. Nur scheint dieser natürliche Mechanismus bei übergewichtigen Personen nicht richtig zu funktionieren.

Ein paar Tips zur körperlichen Ertüchtigung

Schauen Sie sich die Kalorienverbrauch-Tabelle auf Seite 165 an und wählen Sie danach Aktivitäten aus, die Ihnen sowohl Spaß machen als auch einen praktischen Nutzen haben. Ich rate keinem Übergewichtigen, auf Asphalt zu joggen, da er sich dadurch zwangsläufig Gelenkprobleme zuziehen kann (besonders empfindlich sind Hüfte, Knie, Füße und Wirbelsäule). Fahrradfahren ist dagegen ein guter Zeitvertreib, da die Gelenke nicht strapaziert werden. Auch Schwimmen ist okay, denn hierbei wird in nahehzu idealer Weise das Gesetz der Schwerkraft ausgeschaltet. Sogar ein Walroß bewegt sich mit graziöser Anmut unter Wasser.

Sobald Sie sich entschieden haben, treffen Sie die gleichen Vorsichtsmaßnahmen wie ein erfahrener Athlet, vom Aufwärmen bis zu den entspannenden Übungen nach dem Sport. Für Alltäglichkeiten ebenso erforderlich wie für jede Sportart. Sie verhindern Rückenschmerzen beim Zurückbeugen und sind gute Verdauungshelfer (s. Kapitel 5). Da die Bauchmuskeln bei fast keiner Sportart besonders trainiert werden (Ausnahmen bilden Gymnastik und Bodybuilding), bauen auch Leistungssportler, wie Marathonläufer, Skirennfahrer, Schwimmer und Radrennfahrer, solche Bauchmuskelübungen in ihr tägliches Training ein.

Die ›Input-Output‹-Bilanz

Ihre tägliche Buchführung

1. Wiegen Sie sich am Anfang jeder Woche zur selben Tageszeit. Stellen Sie sich *nicht* häufiger auf die Waage! (Sonst führen die Flüssigkeitsschwankungen von 2–3 Pfund am Tag zu falschen Hoffnungen oder unbegründeter Verzweiflung.) Vielleicht können Sie sich bei Ihrem Arzt wiegen lassen. Dafür brauchen Sie nicht extra in die Sprechstunde zu gehen: bei mir verzeichnet zum Beispiel eine Mitarbeiterin das Wochengewicht meiner übergewichtigen Patienten. Sie kommen nur bei Gewichtszunahme zu mir herein. Dieser zusätzliche Druck wirkt Wunder.
2. Notieren Sie die Kalorienzahl von *allem,* was Sie in den Mund stecken. Dazu gehören auch Drinks, Süßigkeiten, Kaugummis usw. Allein durch das gewissenhafte Aufschreiben werden Sie unbewußtes Knabbern automatisch einschränken. Führen Sie diese ›Kalorien-Input-Liste‹ so lange, bis Ihnen die Eßgewohnheiten geläufig

sind. Rechnen Sie auch Ihren Tagesdurchschnitt aus, denn es ist möglich, daß Sie am Wochenende mehr essen als mitten in der Woche. Wenn Sie sich ranhalten, können Sie schon nach wenigen Wochen ein routinierter ›Normalesser‹ sein. Dann sollten Sie mit der Kalorienzählerei aber auch aufhören und nur in dem Fall auf diese Methode zurückgreifen, daß Sie von einer plötzlichen Gewichtszunahme überrascht werden.

3. Vergessen Sie aber auch nicht den Kalorien-›Output‹, daß heißt die Dauer der körperlichen Aktivitäten am Tag aufzuschreiben. Dadurch behalten Sie nicht nur die so verbrauchten Kalorien im Kopf, eine solche Liste wird Sie auch ständig daran erinnern, daß Sie den Tag nicht vor der Spätgymnastik loben dürfen. Halten Sie Kriegsrat mit Ihrem Arzt ab, um ein Sportprogramm zu finden, das Ihrer Gesamtkonstitution zuträglich ist.
4. Zeigen Sie Ihre Buchführung dem Arzt. Er (oder sie) wird daran erkennen können, woran es liegt, wenn sich Ihr Körper einfach nicht von den Pfunden trennen will.

Sie brauchen eigentlich nur zwei Zahlen zu wissen: Die Netto-Kalorienzufuhr pro Tag und Ihre Gewichtsveränderung nach einer Woche.

Wenn Sie jede Woche ein Pfund abnehmen, brauchen Sie die Netto-Kalorienzufuhr nicht zu ändern. Ist dies nicht der Fall, haben Sie zwei Möglichkeiten: Kalorienzufuhr reduzieren oder mehr Kalorien durch sportliche Aktivitäten verbrennen. Es gibt noch eine Reihe wirksamer Techniken, die beim Abnehmen von unschätzbarem Wert sind, zum Beispiel Hypnose und Akupunktur. Es würde allerdings den Rahmen dieses Buches sprengen, wenn ich diese beiden Verfahren ausführlich bespräche. Ich möchte hier nur darauf hinweisen, daß ich bei meinen Patienten gute

Her mit dem Taschenrechner!

Erste Woche:	Gesamtkalorienzufuhr s. Seite 245 ff.		Gesamtkalorienverbrauch s. Seite 165	
1. Tag		kcal		kcal
2. Tag		kcal		kcal
3. Tag		kcal		kcal
4. Tag		kcal		kcal
5. Tag		kcal		kcal
6. Tag		kcal		kcal
7. Tag		kcal		kcal
Zwischensumme		Zwischensumme		kcal
÷7=		÷7=		kcal

Kalorienzufuhr:

[ ]	=	[ ]	−	[ ]
Durchschn. Nettozufuhr/Tag		Durchschn. Kalorienzufuhr/Tag		Durchschn. Kalorienverbrauch/Tag

Gewichtsveränderung

[ ]	=	[ ]	−	[ ]
Gewichtsveränderung innerhalb einer Woche		Startgewicht am 1. Tag		Nach einer Woche

Erfolge mit Akupunktur erzielt habe und diejenigen, die ich zu einem Hypnotiseur überwies, auch nur Positives zu berichten wußten.
Akupunktur ist für Personen geeignet, die bei Veränderungen ihrer Eßgewohnheiten unter ›Entzugserscheinungen‹ leiden. Wie wir schon besprochen haben, bewirkt die Akupunktur eine vermehrte Endorphinausschüttung aus dem Hypothalamus. Endorphin hat die gleiche Wirkungsweise wie Morphium – vielleicht ist dies ein Grund dafür, daß Morphiumsüchtige in den seltensten Fällen dick sind. Endorphin sorgt für ein gesteigertes Wohlbefinden, was eine echte Alternative zu dem Verlangen darstellt, sich Befriedigung durch Essen zu verschaffen. Akupunktur hat sich als auch Ersatzstoff für Morphiumsüchtige bei der Therapie bewährt, da Endorphine dieselben Gehinrezeptoren belegen wie das Morphium.
Die chinesische Nadelkunst wird auch zunehmend als Entzugstherapie für Raucher, Alkoholiker und Eßsüchtige eingesetzt. Bei letzteren jedoch nur bis zu einem gewissen Grade, denn außer den Entzugserscheinungen gibt es noch eine Reihe anderer Faktoren, die den Eßsüchtigen an den Kühlschrank treiben. Darunter fällt zum Beispiel der Pawlow-Effekt: Bestimmte äußere Reize lösen ein übermächtiges Hungergefühl aus. Eine solche Konditionierung läßt sich einfacher durch andere Techniken (zum Beispiel Hypnose) ausmerzen. Am allerbesten wäre natürlich die Selbsthilfe nach den oben erwähnten Richtlinien. Wenn Sie weitere Bestätigung und Unterstützung benötigen, konsultieren Sie Ihren Arzt. Erkundigen Sie sich nach guten Hypnotiseuren und Akupunkteuren, denn unerfahrene können Ihrer Gesundheit enormen Schaden zufügen.
Eine Zeitlang wurden amphetaminhaltige Diätpillen mit großem Erfolg gegen überflüssige Pfunde eingesetzt.

Ganze Generationen von Übergewichtigen wurden mit diesen Muntermacher-Pillen behandelt – mit verheerenden Nebenwirkungen. Die Patienten waren unter einer solchen ›Therapie‹ dermaßen aufgekratzt, daß sie einfach das Schlafen und Essen vergaßen und statt dessen die Zimmerdecke staubsaugten oder den Garten zehnmal umgruben. Ein Gewichtsverlust war zwar zu verzeichnen, doch birgt eine solche Holzhammermethode erhebliche Gesundheitsrisiken (zum Beispiel Herzinfarkt). Und gelernt haben die Patienten im Endeffekt nichts. Nach der Therapie kehrten sie schnell zu den alten, schlechten Eßgewohnheiten zurück – und zu ihrem alten Gewicht.
Die modernen Appetitzügler sind lediglich eine abgeschwächte Version ihrer Vorgänger und im Grunde wirkungslos, es sei denn, Sie nehmen während iher Einnahme wenig feste Nahrung zu sich. Wer mit Appetitzüglern abnehmen will, muß abends Beruhigungsmittel nehmen, um überhaupt schlafen zu können. Dadurch verschlechtert sich die Streß-Situation natürlich ganz erheblich (s. Kapitel 3).
Tabletten sind keine echte Hilfe gegen das Übergewicht.

Zusammenfassend ist zu sagen:

Wenn Sie abnehmen wollen, sollten Sie Ihren Alltag dergestalt umorganisieren, daß Sie Freude am Leben haben. Auf keinen Fall sollten Sie dem Essen mehr Aufmerksamkeit schenken, als es verdient. Denn wenn Ihre Gedanken zwischen den Mahlzeiten um nichts anderes kreisen als um den warmen Apfelstrudel, dann wird das eiserne Durchhalten keine langfristige Wirkung zeigen.
Machen Sie einen großen Bogen um Leute, die behaupten, Dicksein sei schön.
Wir haben es hier mit einem nicht zu unterschätzenden

Gesundheitsrisiko zu tun, denn Übergewicht raubt Ihnen nicht nur ein paar Lebensjahre, sondern auch eine Menge Lebensfreude. Es gefährdet Herz, Lunge, Bauchspeicheldrüse, Gelenke und Wirbelsäule, ja eigentlich den ganzen Körper. Wenn Sie aber zu Ihrem Idealgewicht zurückkehren, werden Sie ein längeres erfüllteres Leben führen.
Vor allem werden Sie sich einfach jünger fühlen und auch so auftreten. Vielleicht haben Sie dann im Alter Gelegenheit, mit Enkeln und Urenkeln ein bißchen Fitness-Gymnastik zu treiben. Ein lohnendes Lebensziel, finden Sie nicht? Wäre es dagegen nicht sehr selbstsüchtig, wenn Sie Ihre Nachfahren um das Privileg Ihrer Gesellschaft brächten? Warum ihnen später diese Erfahrung vorenthalten, nur damit Sie jetzt ein paar Freßorgien veranstalten können? Und wenn diese Gründe nicht ziehen: Wenn Sie insgesamt länger leben, können Sie alles in allem mehr essen. Also *zügeln* Sie sich ein wenig!

Kapitel 8

Streß und Herz

Sind Herzerkrankungen vermeidbar oder unumgänglich?

Herzerkrankungen gehören zu den komplexesten und kontroversesten medizinischen Themen. Viele Antworten stehen noch aus. Doch gibt es einige klar identifizierbare Risikofaktoren, die alle innerhalb Ihrer Kontrollmöglichkeiten liegen.

1. Diabetes mellitus

Diabetes (Zucker) wird immer wieder im Zusammenhang mit Herzinfarkt erwähnt. Auch ruft er vorzeitiges Altern hervor. Exakte Diagnostik sowie eine enge Zusammenarbeit zwischen Arzt und Patient sind hier von größter Bedeutung.

2. Hypertonie

Bluthochdruck ist in vielen Fällen sehr schwer diagnostizierbar, da keine einheitliche Symptomatik vorliegt. Doch ist es einer der Hauptverursacher von Arterienverkalkung und Herzattacken. Eventuell rät Ihnen Ihr Arzt, Ihren Blutdruck regelmäßig zu Hause zu überprüfen, denn frühzeitiges Erkennen, regelmäßige Chech-ups und Medikamententherapie können die riskantesten Auswirkungen des Bluthochdrucks verringern.

3. Erblich bedingter hoher Cholesterinspiegel

In ganz schweren Fällen haben die männlichen Familienmitglieder einen Herzinfarkt, bevor sie sechzig Jahre alt werden. Auch wenn das nicht zu häufig vorkommt, rate ich, die Blutfettwerte regelmäßig überprüfen zu lassen. Noch wichtiger sind solche Vorbeuge-Untersuchungen, wenn unter den vierzigjährigen Männern Ihrer Familie der Herzinfarkt grassiert. Ich kenne Familien, in denen die männlichen Mitglieder wegen des Krankheitsbildes alle nicht älter als fünfundvierzig wurden: Cholesterinablagerungen blockierten die Blutzirkulation in den Herzkranzgefäßen. Daher ist eine frühzeitige Diagnose hier lebenswichtig. Die besten Ergebnisse werden erzielt, wenn die Diagnose schon vor dem zehnten Lebensjahr gestellt wird, so daß cholesterinreduzierende Maßnahmen rechtzeitig ergriffen werden können. In solchen Fällen ist es natürlich überaus wichtig, cholesterinhaltige Lebensmittel aus dem Speiseplan zu streichen (s. Kapitel 5).

4. Schilddrüsenüberfunktion

Heute zum Glück sehr selten.

5. *Rauchen*

Es ist erwiesen, daß Zigarettenkonsum eine ständige Verengung der Herzkranzgefäße hervorruft. Wie schädlich diese unbegreifliche Unsitte für Körper und Herz ist, können Sie in Kapitel 3 nachlesen.

Die Cholesterinkontroverse: Noch mehr Stoff zum Nachdenken

Die Cholesterin-Diskussion ist wahrlich eine unendliche Geschichte (s. Kapitel 5). Eine hohe Cholesterinaufnahme erhöht nicht zwangsläufig das Herzinfarktrisiko. Ein in diesem Kontext oft erwähntes Beispiel ist die Vergleichsstudie über irische Einwanderer in Boston und über Iren, die in ihrem Heimatland geblieben waren. Die Ernährung der letzteren war wesentlich cholesterinhaltiger. Gegen alle Erwartungen erlitten sie viel seltener einen Herzinfarkt als die ausgewanderten Iren.
Auch andere Volksgruppen, wie die Navaho-Indianer oder das Volk der Massai, weisen bei stark cholesterinhaltiger Nahrung eine überraschend geringe Herzinfarktrate auf. Und in Amerika erkranken heute fünfmal so viele Menschen an Herzkrankheiten wie im Jahr 1910, obwohl die heutige Bevölkerung nicht mehr Cholesterin zu sich nimmt. Es scheinen also doch mehr Faktoren im Spiel zu sein als nur die Nahrungsaufnahme. Und die werden heute heiß diskutiert. Weitere Faktoren sind möglicherweise die Menge der Ballaststoffe in der Nahrung, Verhalten von Typ A, Treiben von Sport und vor allem Streß-Resistenz (s. Kapitel 3 und 4).

6. Trägheit

Regelmäßiger Sport ist zwar kein Garant gegen Herzerkrankungen, doch gibt es genug Hinweise, daß körperliche Bewegung dem Herzinfarkt vorbeugt. Durch Trägheit, die mit sporadischen Sportexzessen abwechselt, können Sie Schaden nehmen. Die plötzlichen Sprints bei Tennis, Squash und Jogging können sogar ein fatales Ende nehmen. Sprechen Sie mit Ihrem Arzt und einem kompetenten Fitnessberater.

7. Selbstverursachter Streß

Verhalten von Typ A:

Als Dr. Meyer Friedman in seinem Buch *Rette dein Herz: Wie Streßgeplagte umlernen und das Infarktrisiko verringern können* zum ersten Mal den Typ-A-Charakter unter die Lupe nahm, hat er der medizinischen Wissenschaft damit einen großen Dienst erwiesen. Denn plötzlich gab es ein gemeinsames Verbindungsglied für alle Herzinfarktpatienten: Sie sind oft mit einem ›Aktions-Emotions-Komplex‹ behaftet, was sich vornehmlich in der ›Hast-Krankheit‹ äußert. Sie schielen immer mit einem Auge auf die Uhr, versuchen aber gleichzeitig immer, den Kampf gegen die Zeit zu gewinnen. Sie haben ein unglaublich ausgeprägtes Konkurrenzdenken und reagieren in diesem Zusammenhang sehr leicht feindselig.
Typ-A-Menschen sind aggressiv und ständig bemüht, mehr Arbeit in weniger Zeit zu bewältigen, auch wenn sie dadurch bei anderen anecken. Sobald sie Gefahr wittern, können sie ein äußerst feindseliges Verhalten an den Tag

legen. Trotz seiner oft ekligen Art finden die Aktivitäten des A-Typs meist so großen gesellschaftlichen Anklang, daß materielle Belohnung nicht ausbleibt.
Dieses Verhalten kann man bei etwa 50 Prozent der männlichen Arbeitnehmer beobachten, mehr und mehr aber auch bei Frauen, die einen Beruf ausüben. Bei einfachen Testaufgaben (etwa: Subtrahieren Sie $\frac{1}{13}$ von 1000) bewähren sich A-Typen ähnlich gut wie der Typ B, der charakterlich das genaue Gegenteil darstellt. Der Unterschied besteht aber darin, daß Typ A auf solche Tests mit körperlichem Großalarm reagiert: Vierzigmal soviel Cortison wird ausgeschüttet, dreimal soviel Blut durch die Muskeln gepumpt, und die vierfache Adrenalinmenge kursiert in den Blutgefäßen. Wie wir aus Kapitel 2 wissen, bedeutet dies, daß alle typischen Streßreaktionen aktiviert werden, inklusive Cholesterinanstieg im Blut, Herzrasen usw.
Viele erfolgreiche Firmen leisten sich heute ein Anti-Streßprogramm, jedoch oft nur für die oberen Chargen. Sie berücksichtigen dabei nicht, daß das mittlere Management meist unter viel stärkerem Streß zu leiden hat, denn auch hier gibt es verantwortungsvolle Aufgaben zu erfüllen, die aber leicht außer Kontrolle geraten können. Daher sollten die Firmen ihre Streßprogramme all denen zugänglich machen, die sie wirklich nötig haben. Es lohnt sich: Krankheits- und sonstige Ausfallzeiten verkürzen sich, und die Produktivität steigt. Jede Mark, die in derartige Präventivmedizin investiert wird, kommt auf anderem Wege fünffach wieder herein.
Vor dem Zweiten Weltkrieg war Typ-A-Verhalten bei weißen Frauen in Amerika relativ selten zu beobachten, weil sie als Gruppe einfach nicht in dem Maße dem Zeitdruck der Arbeitswelt ausgesetzt waren wie Männer oder Frauen anderer Hautfarbe. Dieses Phänomen ist durch

unsere modernen sozio-ökonomischen Bedingungen natürlich in einem radikalen Wandel begriffen.

Bei einer auf zehn Jahre angelegten Studie stellte sich heraus, daß Typ-A-Persönlichkeiten ein dreimal höheres Herzerkrankungsrisiko haben. Bei dem Versuch vorherzusagen, wer einen Herzinfarkt erleiden würde, waren die Typ-A-Verhaltensmuster von wesentlich größerer Bedeutung als alle anderen Faktoren, wie Familienanamnese, Blutfettwerte und Rauchverhalten.

Um mehr über die gesundheitlichen Auswirkungen dieser Verhaltensmuster zu erfahren, wurden Experimente mit Laborratten durchgeführt. Bei der Versuchsgruppe wurden bestimmte Gehirnteile (Hypothalamus) soweit manipuliert, daß die Tiere Typ-A-Verhalten entwickelten. Es zeigte sich, daß die Typ-A-Ratten zwar Ratten vom Typ B im selben Käfig tolerierten, wohl wegen mangelnder Konkurrenzangst. Doch sobald eine A-Ratte zu einem anderen A-Typ in den Käfig gesetzt wurde, kämpften sie sofort auf Leben und Tod. Ähnliches ist bei zwei Menschen vom Typ A zu berichten: Sie beißen sich zwar nicht gegen-

Bezeichnend ist, daß der Zusammenhang zwischen Typ-A-Verhalten und Herzerkrankungen nicht etwa von Forschern entdeckt wurde, sondern von einem Polsterer. Der kam einmal in die Kardiologiepraxis von Dr. Friedman, um dort die Sessel und Stühle neu zu beziehen. Bei der Gelegenheit fragte der den Doktor, was für seltsame Vögel er unter seinen Patienten habe. Es wunderte den guten Mann nämlich, daß die Sitze nur an der Vorderkante abgewetzt waren. Keiner der Patienten hatte sich in diesen Sesseln gemütlich zurückgelehnt. ›Auf der vordersten Kante‹ zu sitzen ist natürlich ein typisches A-Verhalten.

seitig tot, doch herrscht ein erbarmungsloser Konkurrenzkampf zwischen Nachbarn oder Arbeitskollegen. In der Ehe erweist es sich auch meist als eine katastrophale Kombination, wenn die Kompetenzbereiche nicht eindeutig definiert sind.

Als ich über die körperlichen Streßreaktionen in der ›Alarmstufe‹ sprach (s. Seite 54f.), habe ich gesagt, daß bei Ratten vom Typ A die Cholesterinwerte im Blut dramatisch stiegen. Dies geschah aber ganz unabhängig von der Nahrungs-Cholesterinzufuhr.

Einige Charakteristika des A-Typs

Immer in Eile

Er setzt sich zu viele Termine. Er ist weder anpassungsfähig noch kreativ, sondern lebt von Ideen, die er entwickelt hat, als er leistungsfähiger war. Er tut sich schwer, neue Probleme anzugehen, denn er ist essentiell unflexibel. (Müßte mehr dem Typ B nacheifern, das heißt tüfteln, grübeln und Kreativität entwickeln.)

Zahlen

Die Vorliebe für Zahlen beginnt schon in der Kindheit. Es macht ihm Spaß, Dinge zu sammeln und zu zählen. Das beginnt mit Murmeln und setzt sich fort mit Tauschbildern und Freundinnen. Diese kindische Eigenschaft sollte sich eigentlich mit zunehmender Reife geben, doch ist dies häufig eben nicht der Fall.

Punkte zählen

Damit soll eine tiefwurzelnde Unsicherheit kompensiert werden. Es ist ihm unmöglich, bei einem Golfspiel die schöne Landschaft oder die frische Luft zu genießen. Er denkt statt dessen bei jedem Schritt verbissen an die Punktzahl. Gott bewahre den A-Typ davor, eine Vorliebe für Glücksspiel zu entwickeln.

Unsicherheit
Er braucht die Bestätigung durch seine Vorgesetzten dringender als die seiner Kollegen. Der A-Typ könnte nie als normaler Wissenschaftler in einem Team arbeiten. Er würde immer danach streben, als der Superstar dazustehen, indem er alle Nase lang einen neuen Aufsatz veröffentlicht.

Feindseligkeit und Aggressivität
Der A-Typ verspürt einen unwiderstehlichen Konkurrenzzwang. Es ist möglich, daß er Sinn für Humor besitzt, doch lacht er grundsätzlich eher über andere als über sich selbst.

Wie Sie den A-Typ vom B-Typ unterscheiden können

Typ A

1. Scharfer, aggressiver Sprachstil; Sätze werden zum Ende hin schneller.
2. Leicht gelangweilt; klinkt sich aus Unterhaltungen aus; tut nur so, als ob er zuhört.
3. Ißt, spricht und geht immer sehr schnell.
4. Ungeduld gegenüber Trödelei; sagt zum Beispiel »ja, ja«, um sein Gegenüber zu schnellerem Sprechen zu bewegen oder, noch schlimmer: beendet dessen Sätze.
5. Polyphasisch: Kann zum Beispiel gleichzeitig essen, sich rasieren und lesen. (Muß aufpassen, daß er sich nicht irgendwann anzieht und dabei duscht.)
6. Selbstsüchtig; nur an Gesprächen interessiert, die um die eigene Person kreisen; versucht Gespräche in eine bestimmte Richtung zu lenken, sonst schaltet er ab.

(Ein Schriftsteller vom Typ A hatte in einer Fernseh-Show die Gelegenheit genutzt, lange und ausführlich über sich selbst zu reden. Schließlich wandte er sich an den Moderator mit den Worten: »Jetzt habe ich lange genug über mich geredet. Wollen wir doch einmal ein bißchen über Sie sprechen. Sagen Sie einmal, wie fanden *Sie* mein Buch?«)

7. Fühlt sich schuldig, wenn er sich entspannt.
8. Paßt nicht auf. Erinnert sich nicht an Details von Räumlichkeiten. Wenn jemand Schlüssel, Sonnenbrille oder Kuli verliert, dann er.
9. Setzt in seiner Wertskala das *Haben* über das *Sein*.
10. Fühlt sich durch andere A-Typen stark herausgefordert. Es kommt zu scharfen Gefechten. Das ist besonders übel, wenn zwei A-Typen miteinander verheiratet sind.
11. Äußerliche Zeichen: Sehr bestimmt, angespannt, lehnt sich vor, der Rücken hat keinen Kontakt zur Stuhllehne.
12. Glaubt, daß Schnelligkeit zum Erfolg führt. Lebt daher auf Volltouren.
13. Bemißt seinen Erfolg hauptsächlich in Zahlen. Ist beim Tennis zum Beispiel weniger am Spaß als am Gewinnen interessiert.

Typ B

1. Hat keine der oben erwähnten Eigenschaften.
2. Fühlt sich selten unter Zeitdruck gesetzt, kann aber genauso ambitioniert sein.
3. Freundliches Naturell; nicht feindselig.
4. Hat Spaß am Spiel; nicht nur am Gewinnen interessiert.
5. Kann sich ohne Schuldgefühle entspannen und arbei-

ten, ohne sich verrückt zu machen. Erledigt auf lange Sicht dasselbe Arbeitspensum wie Typ A.

6. Bei seiner Arbeitsweise kommt oft mehr heraus. So hat ein Freund von mir (ein richtiger A-Typ) einmal einen alten Holzfäller zum Holzsammeln eingestellt. Die langsame, bedächtige Arbeitsweise des Mannes brachte meinen Freund derart in Rage, daß er nach draußen rannte, fünf Scheite auf einmal griff und mit enormem Energieeinsatz selbst zu stapeln anfing. Nach 20 Minuten war er fix und fertig, sein Rücken schmerzte erbärmlich, und der angefangene Holzstapel war ein einziges Chaos. Trotz all der Anstrengung hatte er aber nur ein Bruchteil dessen geschafft, was der alte Mann in der gleichen Zeit erledigt hatte. Der B-Typ gewinnt den nicht selbst angezettelten Konkurrenzkampf so oft, weil er einfach stetiger und ökonomischer arbeitet. (Vielleicht ist das die Moral der alten Fabel vom Hasen und Igel.)

Typ A-Verhalten und ›Die dritte Welle‹

Bei der Untersuchung des Typ A-Verhaltens möchte ich näher auf Alvin Tofflers Thesen aus seinem Buch *The Third Wave (Die dritte Welle)* eingehen. Nach Toffler war die erste Welle der Zivilisation eine landwirtschaftliche. Die Menschen siedelten überall dort, wo es kultivierbares Land gab, und lebten von der Hand in den Mund. Die zweite Welle überrollte uns mit der industriellen Revolution. In dieser Zeit gewann die Massenproduktion von Konsumgütern in Stadtzentren an Bedeutung. In dieser Periode wurde auch die Fließbandarbeit erfunden mit allem dazugehörigen Termindruck. Der marktwirtschaftliche Konkurrenzgeist führte zu noch schnellerem Arbeitstempo und somit zur Ausbildung der Typ A-Verhaltensmuster.

Menschen, die es schafften, viele Konsumgüter anzuhäufen, wurden allseits bewundert. Schon im frühen 19. Jahrhundert war Amerika zu Hause und bei der Arbeit ganz auf Typ A-Verhalten geeicht. Familien wurden auseinandergerissen auf der Jagd nach besseren Verdienstmöglichkeiten. Im Ausland entwickelte sich nach und nach das Bild des ›häßlichen Amerikaners‹ (das schon lange kein ausschließlich amerikanisches Monopol mehr ist). Die Urlaubsreisen des A-Typs waren überehrgeizig. Er besuchte zu viele Städte, Länder oder Verwandte in atemberaubendem Tempo. Er versuchte, seine Kollegen durch Quantität zu beeindrucken, durch die Anzahl der gesehenen Länder in Europa, durch die an einem Stück abgerissene Kilometerzahl oder durch die Geschwindigkeit, die er mit seinem Gefährt erreichen konnte.

Der Bedeutungsverlust des alten Klassensystems führte dazu, daß das Leben im Industriezeitalter mehr oder weniger wie im Goldrausch verlief. Jeder könnte ein Vermögen machen, er müßte nur schnell genug an Ort und Stelle sein. Diese zweite Welle ist sicherlich dafür verantwortlich, daß Amerika den höchsten Lebensstandard in der Welt hat. Doch bewegen wir uns heute unaufhaltsam auf die dritte Welle, die technologische Revolution, zu. Die Menschen brauchen nicht länger in großen Fabriken zu arbeiten, um ihren Lebensunterhalt zu verdienen. ›Wohnzimmerindustrien‹ sind mehr und mehr im Kommen. So könnte ein Computerprogrammierer zum Beispiel problemlos zu Hause arbeiten und die Ergebnisse seiner Arbeit dann per Satellit in die Zentralbank des Systems einspeisen.

Mit dieser dritten Welle müssen wir uns zwar auf neue Streßmomente gefaßt machen, doch steht zu hoffen, daß die Massenverstädterung der letzten zwei Jahrhunderte rückgängig werden kann. In diesem Fall hätte die Menschheit eine echte Chance, wieder ein wenig Kontrolle über ihr Leben zurückzugewinnen, was in den übervölkerten Metropolen ja so gut wie ausgeschlossen ist.

Durch die Geburt der industriellen Revolution und des Wechselbalgs ›Typ A-Verhalten‹ wurden einfache Streßmomente zu hochkomplexen. Die Bedrohung durch wilde Tiere wurde abgelöst von unkontrollierbaren hinterlistigen Bedrohungen, wie ständiger Lärm und Zeitdruck. Die dritte Welle könnte sogar noch besser getarnte Streßfaktoren mit sich bringen. Daher ist es jetzt so wichtig, den Körper optimal instandzuhalten und die richtigen Entscheidungen zur Streßabwehr zu treffen.

Die Typ A-Konkurrenzmentalität war in der ländlichen Gesellschaft früherer Zeiten weitgehend unbekannt. Es genügte, daß man nicht am Hungertuch nagte. Heute scheint es jedoch so, daß jede neue Kindergeneration in die Konkurrenz-Spirale mit hineingezogen wird. Das beinhaltet auch, daß sie es einmal besser haben wollen als ihre Eltern. Dies ist zwar kein genetisch verankerter Charakterzug, wird aber von Typ A-Eltern gefördert, die gesteigerten Wert auf die Anhäufung von Materiellem legt.

Kinder können ihre Typ A-Eltern nur durch bessere Noten, schnellere Zeiten oder mehr Siege im Konkurrenzkampf erfreuen. ›Siegen ist alles‹ ist ihr Credo. Doch ebenso wie für den kleinen Mann, der immer eine Nummer größer scheinen will und dabei ständig Gefahr läuft, aus dem Felde geschlagen zu werden, kommt auch für Kinder von Typ A-Eltern irgendwann die große Ernüchterung. Spätestens dann werden die Sprößlinge eigene Wege einschlagen. Die Erfahrung als Hausarzt lehrt mich, daß die schlimmsten Familienkräche zwischen Eltern und Kindern in Typ A-Familien vorkommen.

»Reicher Mann, armer Mann . . .«
Der Konkurrenzkampf tobt vor allem in der Mittelschicht, die sich anscheinend immer ›beweisen‹ muß. Die Oberschicht besitzt durch ihren Reichtum ein bequemes Ego-Polster. Was der Geldadel als unentschuldbar ›neureiches‹ Verhalten verurteilt, ist nichts anderes als die gängige Typ A-Rangelei um Macht und Geld. In England gehörten die ›Altreichen‹ natürlich zum B-Typ, da sie persönlich nie gegen die Widrigkeiten des Arbeitslebens kämpfen mußten.
Die wirklich Reichen haben auch nie denselben Landrausch verspürt wie Amerika in Pionierlagern. Dies vor allem, weil sie das ganze Land ohnehin schon in ihrem Besitz hatten. Auch gehörten die Geschäftsführer großer Firmen meist zum Typ B, doch sind sie clever genug, ihre Untergebenen unter den A-Typen auszuwählen, damit die Firma floriert. Der Trick ist nur, die A-Typen soweit in Schach zu halten, daß sie ständig unter höchstem Streß arbeiten.

Reichtum bringt natürlich auch eine Menge Nachteile mit sich. So leiden reiche Leute nicht selten unter mangelnder Initiative und Arbeitseifer. Andere Problemquellen sind Langeweile, die Schwierigkeit, gute Angestellte zu finden, Tennis-Verletzungen und die Notwendigkeit, Französisch zu lernen, so daß man sich vor dem Personal streiten kann. Last, but not least sind da die ewigen Rückenschmerzen, weil sich die Rücksitze ihrer Limousinen einfach nicht verstellen lassen.

Aus A mach B – einige Tips zur Verhaltensänderung

1. Machen Sie sich klar, daß Sie als B-Typ wahrscheinlich keine finanziellen Einbußen in Kauf nehmen müßten. Verwechseln Sie Ambition und Antriebskraft nicht mit Typ A-Verhalten. Ihren derzeitigen Erfolg haben Sie wahrscheinlich nicht wegen, sondern *trotz* Ihres Typ A-Verhaltens erreicht. Als B-Typ würden Sie das gleiche Arbeitspensum schaffen wie jetzt. B-Typen haben nämlich den gleichen Ehrgeiz, nur geraten sie bei der Verwirklichung ihrer Ziele nicht in Panik.
2. Lernen Sie, auch über sich selbst zu lachen. Ein Großteil des Typ A-Humors geht nämlich auf Kosten anderer.
3. Finden Sie Aktivitäten, die Ihren Horizont erweitern. Dabei sollte Zeitdruck keine Rolle spielen. Haben Sie einen Bücherschrank im Haus? Dann versuchen Sie doch mal, die darin stehenden Bücher zu lesen, statt immer nur meterweise neue hineinzustellen. Wenn Sie sich ein Fahrrad kaufen wollen, verzichten Sie auf elektronische Tachometer und Trittzahlmesser. Genießen Sie lieber Ihren Fahrradausflug.
4. Bringen Sie Ordnung in Ihr Leben. Lernen Sie, um Ihres Herzens willen, daß kleinere Aufgaben delegiert werden können. Auch wenn Sie etwas tun *können,* heißt das nicht, daß Sie es unbedingt tun *müssen.* Überlegen Sie mal, welche Arbeiten Sie anderen überlassen können, damit Sie den Kopf für die wichtigeren Dinge frei haben. Dies gilt nicht nur für Ihre beruflichen, sondern auch für die häuslichen Tätigkeiten. Stellen Sie zum Beispiel eine studentische Hilfskraft zur Gartenarbeit ein. Das läßt Ihnen mehr Zeit für ein paar Mußestunden und für Ihre Familie.
5. Meiden Sie A-Typen, wo immer Sie können. Falls dies

nicht möglich ist, da Sie beispielsweise mit einem solchen Typ verheiratet sind, dann halten Sie den Mund. Verkneifen Sie sich den ständigen Konkurrenzzwang. Versuchen Sie statt dessen, Ihre ›bessere Hälfte‹ zu *ergänzen* und ihr zu *helfen,* als sie immer zu *überflügeln.*

6. Verändern Sie Ihre Prioritäten: *Sein* ist besser als *Haben.*
7. Üben Sie das Langsamertreten. Wenn Sie zum Beispiel wieder bei Gelb über die Kreuzung gefahren sind, fahren Sie um den Häuserblock und machen Sie es noch einmal, aber diesmal bei Grün. Versuchen Sie, mit langsam denkenden Menschen zu sprechen, ohne ungeduldig zu werden, sie zu unterbrechen oder ihre Sätze zu beenden. Wenn Sie merken, daß Ihnen in einer Warteschlange bald der Kragen platzt, dann lassen Sie ein paar Leute vor – es wird Sie schon nicht umbringen, im Gegenteil: Sie empfinden zum erstenmal das Gefühl von Gelassenheit.
8. Versuchen Sie eine halbe Stunde hinter einem korrekt 50 Stundenkilometer fahrenden Wagen herzufahren und ihn dann ohne lautes Hupen zu überholen.
9. Versuchen Sie den Postbeamten am Schalter bei seiner bedächtigen Arbeit zu beobachten und ihn nicht zu mehr Eile anzutreiben.
10. Versuchen Sie einer Fernseh-Diskussion über soziale Fragen der städtischen Verwaltung zu folgen, ohne ständig den Kanal zu wechseln.
11. Nehmen Sie an der nächsten Elternversammlung in der Schule Ihres Sprößlings teil, ohne die Diskussion an sich zu reißen.
12. Gehen Sie zu Versammlungen und Vereinssitzungen, ohne sich zu Wort zu melden.

Wir alle haben tagtäglich mit den verschiedensten Streßsituationen zu kämpfen. Da ist es wahrscheinlich nicht nötig, sich auch noch selbst zu stressen. Tun Sie daher alles in Ihrer Macht Stehende, um Ihr Typ A-Verhalten auszumerzen.

Selbstverursachter Streß: Ein Tag im Leben eines A-Typs

	Wie es geplant war	*Wie es hinterher aussah*
07.05	Erfrischt aufwachen, Sachen zurechtlegen.	Den Wecker überhört; braune Schuhe zum blauen Anzug getragen.
08.00	Treffen mit Howard wegen Anzeigenkampagne.	Im Stau stecken geblieben; 20 Minuten zu spät gekommen.
09.30	Treffen mit Jim wegen Jahresabschluß.	Aktenkoffer bei Howard vergessen; mußte umkehren. Saß auf der Überholspur hinter einem langsamen Idioten fest. Kam deshalb zu spät.
10.00	Zurück im Büro. Telefonate. Erledige 16 wichtige Rückrufe von gestern.	Bei den ersten beiden Telefonaten tauchen knifflige Probleme auf. Mußte 14 Rückrufe auf morgen oder übermorgen verschieben.
11.05	Wichtige Leute vom Flughafen abholen. Ja nicht zu spät kommen!	Hunderte Autos überholt, im absoluten Halteverbot geparkt, um rechtzeitig da zu sein. Das Flugzeug hatte Verspätung.

11.30	Zurück in der Firma mit den VIPs, rechtzeitig zur Konferenz. Guten Eindruck machen!	Eine halbe Stunde in der Ankunftshalle auf die VIPs gewartet. Auto nach 40 Minuten aus dem Abschlepphof losgeeist. Im Büro angerufen, um Verspätung anzukündigen. Dabei acht wichtige Nachrichten entgegengenommen.
12.00	Mittagessen und Tennisdoppel mit zwei Typen von der Konkurrenz.	Baustelle! Mußte Umwege fahren, kam zu spät, Mittagessen verpaßt. Im ersten Satz gleich vier Doppelfehler, Tennisschläger an die Wand geschmissen, Bälle eingesammelt, weggegangen.
		. . .

Offensichtlich hat diese Person Schwierigkeiten, die für bestimmte Aufgaben erforderliche Zeit richtig einzuschätzen. Hier wäre eine Zeit- und Prioritätenverwaltung eine wertvolle Streßhilfe. Dieses System sollte die Zeiten für alle Termine (nicht nur geschäftliche!) auflisten. Die Disziplin, die eine solche Systematisierung erfordert, wird sich tausendfach auszahlen: Sie werden leistungsfähiger, haben das Gefühl, etwas geschafft zu haben und daher ein besseres Selbstbild. Auch schlafen Sie nachts besser, weil Unerledigtes nicht mehr auf Ihrer Seele lastet.

Zusammenfassend ist zu sagen:
Lassen Sie es nicht zu, daß Ihr Typ A-Verhalten irgendwann Ihre Herzkranzgefäße verstopft, Ihr Familienleben zur Hölle macht, Ihr Kapital auffrißt und Ihre Lebenszeit verkürzt. Halten Sie inne, denken Sie nach und setzen Sie sich andere Prioritäten.
Es ist viel schöner, zum ›B-Kader‹ zu gehören. Nur müssen Sie sich vorher bewußt werden, daß Sie als B-Typ alle Ambitionen und Lebensziele *besser* verwirklichen können und daß Erfolg nicht abhängig ist von der nervösen Energie der Typ A-Persönlichkeit. Im Gegenteil, der Wechsel zum B-Typen wird Ihnen Kraft spenden für die vier Grundpfeiler Ihres Lebens: *Gesundheit, berufliches Umfeld, Finanzen* und *persönliche Beziehungen.* Wie wir im nächsten Kapitel sehen werden, sind diese vier Gebiete die Voraussetzungen für ein langes, gesundes und erfülltes Leben. Lesen Sie also weiter.

Kapitel 9

Das ›Geheimnis‹ eines langen, erfüllten Lebens

Ich habe mich mit vielen gesunden Menschen unterhalten, die noch im letzten Jahrhundert geboren wurden, und sie nach dem Geheimnis ihres langen, glücklichen Lebens befragt. So verschieden die Antworten waren, kristallisierte sich doch bald ein bestimmtes Muster heraus. Diejenigen, die weit über neunzig waren, konnten Erfolge in allen vier Lebensquadraten vorweisen. Dies sind

Finanzen	Persönliche Beziehungen
Gesundheit	Berufliches Umfeld

Erfolg heißt, auf *allen vier* Gebieten Vortreffliches zu leisten. Wenn Sie in einem oder mehreren dieser Gebiete durchfallen, wird dies Ihr Leben wahrscheinlich erheblich verkürzen und Ihre Produktivität am Arbeitsplatz schwächen.

1. Finanzen

Erfolg heißt hier marktfähige Berufseignung, ein ausreichendes Finanzpolster, um Ziele zu erreichen und sich für den Krankheitsfall, für Rezession oder Arbeitsplatzverlust abzusichern. Sie brauchen dafür keine Millionen, sondern sollten sich im Rahmen Ihres Budgets bewegen.

2. Persönliche Beziehungen

Erfolg bedeutet hier eine stabile Basis echter Freundschaften (das müssen nicht viele sein) und ein intaktes Familienleben, insbesondere eine glückliche Ehe oder sonstige Zweierbeziehung.

3. Gesundheit

Erfolg bedeutet hier eine körperlich und geistig gute Verfassung. Dies sollte die Meinung Ihres Arztes sein und nicht nur einfach eine Vermutung Ihrerseits. Das beinhaltet auch, daß Sie einen Lebensstil und Streßabwehrmaßnahmen wählen (s. Kapitel 4), die Ihnen zuträglich sind.

4. Berufliches Umfeld/Ausbildung

Erfolg bedeutet hier, mit Integrität gute Leistungen zu bringen, die Ihnen den Respekt Ihrer Kollegen sichern.

Erfolg: Der Schlüssel zu einem langen Leben

Wie Sie sehen, läßt sich der Erfolg in vier gleichberechtigte Gebiete teilen. Für ein langes, erfülltes Leben sollten Sie in allen vier Bereichen Ihr Bestes geben. Wenn Sie nur in einem Bereich einen Treffer landen (auch wenn es sich hierbei um Beruf oder Finanzen handelt), haben Sie verloren. Dann sind Sie nichts als ein verrückter Wissenschaftler oder mieser Ehrgeizling.

Statt dessen sollten Sie sich bemühen, sich in allen vier Bereichen auszuzeichnen. Dabei müssen Sie Umsicht walten lassen und allen die gleiche Aufmerksamkeit widmen.

Jetzt möchte ich Ihnen zunächst ein paar Beispiele von Typen vorführen, die nur in einem oder in zwei Bereichen Erfolg hatten. E steht hierbei für Erfolg, M für Mißerfolg. Zählen Sie die eigenen M's zusammen. Auch bei nur einem einzigen Mißerfolg stehen Sie unter dem Strich als Versager da. Das Resultat: Schlechte Lebensqualität und -quantität.

Der alte Howard Hughes

Zeugnis

Finanzen: E

Märchenhafter Erfolg; Reichtum, von dem niemand zu träumen wagt.

Persönliche Beziehungen: M

Beschloß sein Leben in Einsamkeit ohne intakte Familienbande. Mußte Leute dafür bezahlen, daß sie ihn liebten und ihn umsorgten.

Gesundheit: M

Er war in verheerender Verfassung, physisch total ausgezehrt, verschrumpelt und so klapprig, daß er nicht mehr laufen konnte. Auch auf geistigem Gebiet war in den letzten Jahren der Lack abgebröckelt. Schon seine skurrile Versessenheit auf die Wahrung seiner Privatsphäre, in die noch nicht einmal eine Bakterie eindringen durfte, spricht Bände.

Berufliches Umfeld: M

Außer zähneknirschendem Respekt vor seinem finanziellen Erfolg besaß er keine Sympathien unter seinesgleichen. Er führte seine Unternehmen in ziemlich rauher, skrupelloser Manier, ohne auch nur einen Gedanken an Freundschaften zu verschwenden.

Endergebnis: 3 x M

Einen Erfolg unter vier möglichen zu verbuchen, bedeutet, ein Versager zu sein und mit Einbußen an Lebensqualität und -quantität rechnen zu müssen.

Marilyn Monroe in ihren letzten Jahren

Zeugnis

Finanzen: E

Persönliche Beziehungen: M

Ihr Leben war eine einzige Tragödie. Überall suchte sie vergebens nach Liebe und Geborgenheit.

Gesundheit: M

Gesundheit bedeutet auch eine *geistig* gute Verfassung. In Marilyn Monroes Fall verheerend: Medikamentenabhängigkeit, Labilität.

Berufliches Umfeld: E

Von allen bewundert – ein kolossaler Erfolg.

Endergebnis: 2 x M

Nur in zwei Bereichen erfolgreich. Immer noch stark beeinträchtigte Lebensqualität und -quantität.

Herbie, der Hausmann

Profil

Hat ein tolles Verhältnis zu kleinen Kindern, ist aber im Leben nicht sehr weit gekommen. Seit die Firma pleite gemacht hat, hat er sich nicht um einen neuen Job bemüht. Bleibt statt dessen lieber zu Hause und bezieht Arbeitslosengeld. Sein liebendes Weib wird langsam etwas ungehalten, daß er ständig präsent ist und die Finanzen immer mieser werden. Unternimmt ein paar halbherzige Versuche, Arbeit zu finden. Langeweile. Selbstrespekt und der seiner Familie schwinden.

Zeugnis

Finanzen: M

Persönliche Beziehungen: E

Ein wirklich netter Kerl; versteht sich prächtig mit Kindern und Nachbarn; ein warmherziger und liebevoller Mensch.

Gesundheit: M

Mangel an geistiger Anregung und totale Streßfreiheit vernebelt Herbies Intellekt. Leistungsfähigkeit gleich Null: Er braucht den ganzen Tag, um das TV-Programm zu lesen. Wird dick, raucht, trinkt mehr Alkohol und bewegt sich weniger als früher.

Berufliches Umfeld: M

Was für ein berufliches Umfeld?

Endergebnis: 3 x M

Versagen auf der ganzen Linie, vermutlich verkürzte Ehedauer und schlechte Lebensqualität und -quantität.

Marty, der Muskelmann

Profil
Stemmt jeden Tag Gewichte und pumpt sich mit Anabolika voll. Bodybuilding gehört zwar zu den empfehlenswerten Sportarten, nur treibt er es auf die Spitze. Er ist ›sportsüchtig‹. Ein physisch voll intaktes Exemplar, in Beruf und Sozialleben jedoch etwas zurückgeblieben.

Zeugnis
Finanzen: M
Hat keine Zeit, Überstunden zu leisten oder sich weiterzubilden. Arbeitet nur, um sich über Wasser zu halten.
Persönliche Beziehungen: E
Sehr selbstbewußt, wirkt anziehend auf andere.
Gesundheit: E
Auf dem Gipfel der Gesundheit; sehr sportlich, ausgezeichnete, niedrige Pulsfrequenz, dreimal Stuhlgang am Tag. Doch es ist unbestritten, daß Bodybuilder trotz ihrer Superkondition nicht die Hitliste der Lebenserwartungen anführen.
Berufliches Umfeld: M
Hat auf diesem Gebiet nicht viel erreicht, macht eine ziemlich untergeordnete, langweilige Arbeit, da er nicht bereit ist, Zeit in Fortbildungsmaßnahmen zu investieren, die ihm den ersehnten, interessanten Job einbrächten. Bei den meisten Karrieren fände er nicht genug Zeit für seine Trainingsexzesse.

Endergebnis: 2 x M
Hat unter dem Strich versagt und muß eine geringe Lebensqualität (im Endeffekt sogar -quantität) in Kauf nehmen.

Angie Arbeitstier

Profil
War eine sehr fleißige Studentin. Hat neben ihrem Studium wenig Zeit für die ›Frivolitäten‹ des Studentenlebens (Sport, Parties, Freundschaften) gehabt. Hat sich durch unermüdlichen Ehrgeiz eine verantwortungsvolle Position erkämpft. Ihr Problem: Sie ist arbeitssüchtig, zeigt kaum Interesse an anderen Dingen. Kann sich noch nicht einmal einen kleinen Urlaub gönnen. Wenn sie doch einmal wegfährt, fühlt sie sich richtig elend.

Zeugnis
Finanzen: E
Sie hat zwar eine Menge Erfolg, doch bleibt er eigentlich hinter ihrem enormen Talent und Engagement zurück.
Persönliche Beziehungen: M
Keine Zeit, stabile Beziehungen einzugehen und aufrechtzuerhalten. Organisiert das bißchen Freizeit falsch.
Gesundheit: M
Keine Zeit, sich großartig Gedanken über die eigene Gesundheit zu machen. Keine Zeit für Sport und gesunde Ernährung.
Berufliches Umfeld: E
Ihr Einsatz wird allseits bewundert. Doch hat sie höchstwahrscheinlich durch unablässigen Streß die Grenzen ihrer Leistungsfähigkeit schon überschritten.

Endergebnis: 2 x M
Der Abfall von Lebensqualität und -quantität ist vorherzusehen. Es reicht nicht, sich nur in einem Lebensbereich hervorzutun. Arbeitstiere bringen sich nicht nur um ein schönes, sondern auch um ein langes Leben.

Wichtig ist, im Auge zu behalten, daß die Erfolgsskala dynamisch ist. Sie paßt sich den jeweiligen Lebensphasen an und sollte daher immer wieder überprüft werden. Denken Sie daran, wie erfolgreich Marilyn Monroe und Howard Hughes in ihren jüngsten Jahren waren. Der Schlüssel zum Erfolg heißt auch hier ›Ausgewogenheit‹. Wenn Sie nämlich auch nur in einem Bereich total versagen, dann wird dies zwangsläufig auf Ihren Erfolg in den anderen Bereichen übergreifen, Ihre zukünftigen Lebenserwartungen verkürzen und Ihnen heute das Leben vergällen.
Nutzen Sie das folgende ›Zeugnis‹, um sich selbst Noten zu geben, und zeigen Sie genügend Flexibilität, um mögliche Mißerfolge auszubügeln.

Ihr Zeugnis

Tragen Sie hier Ihren Namen ein.

	E	M
1. Finanzen		
2. Persönliche Beziehungen		
3. Gesundheit		
4. Berufliches Umfeld/Ausbildung		
Ihr Endergebnis:		

Vorsicht, wenn Sie irgendwelche M's haben!

Der Kampf gegen die Armut:
Werden Sie siegen oder verlieren?

Es ist keine Frage: Armut ist Streß, und dies ganz besonders, wenn Sie die Kontrolle über die eigene Situation verlieren. Doch sind auch die weniger Begüterten nicht davon ausgeschlossen, die ›Freude am Streß‹ zu erfahren. Auch hier heißt die Devise: Versuchen Sie die Kontrolle durch Organisation der eigenen Angelegenheiten wiederzuerlangen.

Fallstudie – David F.
40 Jahre alt, arbeitsloser Manager. Nach seiner unerwarteten Entlassung fällt er bei mehreren Vorstellungsgesprächen durch. Depressionen setzen ein. Dazu ein akutes Minderwertigkeitsgefühl, das automatisch zur Herabsetzung der eigenen Marktfähigkeit führt. Er fängt an, sich im Haus und für Verwandte nützlich zu machen. Den Gedanken, diese besonderen Tüftel-Fähigkeiten zu Geld zu machen, weist er jedoch weit von sich. Dabei müßte ihm sein handwerkliches Geschick eigentlich nur recht sein, um sich damit über die Krise zu retten. Außerdem wäre diese besondere Begabung dazu angetan, sein angeknackstes Selbstbewußtsein wieder etwas aufzupäppeln.
Statt dessen trinkt er mehr, fängt an zu rauchen, vegetiert tagsüber vor der Glotze, streitet sich mit seiner Frau und wird immer labiler. Dies ist ein Paradebeispiel für den Sog *negativer Gedanken* und beweist überdies, daß schlechte Organisation zu vermehrtem Streß führt.

Fallstudie – John B.
40 Jahre alt, arbeitsloser Manager, der unerwartet entlassen wurde. Doch: er *denkt positiv* und macht das Beste aus der vertrackten Situation, bemißt seine Fähigkeiten, Stärken, Schwächen und Prioritäten. Dazu gehört auch eine realistische Einschätzung des Mini-

mumgehaltes. Dann betreibt er Marktanalysen, um herauszufinden, welche seiner Fähigkeiten zur Zeit gefragt sind. Die Marktsituation erfordert es, daß er in eine andere Stadt zieht. Zunächst begnügt er sich mit einem weniger verantwortlichen Posten, doch verdient er durch Überstunden und viel Engagement bald fast soviel wie zuvor. Nach einem Jahr wird er Chef der Marketing-Abteilung bei einer anderen Firma.
John B. zeichnet sich durch eine gehörige Portion Flexibilität aus. Er ist ohne zu murren bereit, Wohnsitz und Lebensstil zu verändern. Er ist nicht willens, seine Tage in einer Geisterstadt oder in einem veralteten Berufszweig zu beschließen. Dies ist ein klassisches Beispiel dafür, daß *positives Denken* dem negativen Streß nicht nur die Spitze nehmen, sondern ihn auch in positiven Streß verwandeln kann.

Kapitel 10

Drei Prinzipien zum richtigen Umgang mit Streß

1. Verwöhnen Sie sich
2. Hören Sie auf, sich etwas vorzumachen
3. Sehen Sie der Wahrheit ins Gesicht

Das erste Prinzip:

Verwöhnen Sie sich (im Rahmen Ihrer finanziellen Möglichkeiten)

Wenn Sie sich täglich ein wenig verwöhnen, ist dies wesentlich wirksamer als eine Riesenbelohnung nach jahrelanger Plackerei. Daß dieses Prinzip funktioniert, wissen wir alle vom Umgang mit Kindern und Haustieren. Das heißt aber noch lange nicht, daß wir es auch auf uns selbst anwenden. Doch kommt irgendwann die Zeit, in der wir für unseren unvernünftigen Kräfteraubbau bezahlen müssen. Wie viele solcher Fälle hatte ich schon in meiner Praxis! Eines haben sie alle gemein: Sie hatten überhaupt kein Gefühl für den Wert der Freizeit.
Die täglichen kleinen Belohnungen, sei es das abendliche Tennisspiel oder Schmökern in der Badewanne, geben Ihnen die Kraft, jeden Tag frisch und hellwach und Ihrem

Streß immer eine Nasenlänge voraus zu sein. Wer sich dagegen jahrelang stoisch aufopfert und nur auf die eine große Belohnung hinarbeitet, wird extrem streßanfällig und weniger leistungsfähig. Und schon steckt das Opferlamm im schönsten Teufelskreis. Einige Fallgeschichten sollen als Illustration dienen.

1. Eine Patientin, die immer davon geträumt hatte, ihr eigener Chef zu sein, kündigte kurzerhand ihre (gut bezahlte) Stelle als Verkäuferin und eröffnete ihren eigenen Laden. Ein Spontanentschluß, der nicht gut genug durchdacht war und ohne vorherige Marktanalyse gefaßt wurde. Das Ergebnis: Seit acht Jahren kann sie sich noch nicht einmal mehr ihre früheren kleinen Belohnungen, geschweige denn einen Urlaub leisten. Ihre Gesundheit, die sie einfach immer so hingenommen hatte, ist angeknackst.
2. Ein Patient, ein Handelsvertreter auf Kommissionsbasis, wollte sein Haus um ein Geschoß aufstocken. Da er handwerkliches Geschick besaß, beschloß er, die ganze Arbeit selbst in die Hand zu nehmen, anstatt einen Profi damit zu beauftragen. Er hat diese Mammutaufgabe zwar irgendwie bewältigt, doch hat er sich dabei oft geärgert, daß er wegen seines ›Feierabend-Werks‹ keine Zeit mehr für Frau und Kinder fand, denn der Bau zog sich hin. Er konnte sich anstrengen, wie er wollte, es war einfach unmöglich, das Stockwerk in professionellem Tempo und Effizienz hochzuziehen. So mußte er auch noch den ganzen Sommer für das Projekt opfern. Doch es kommt noch dicker: Oft verließ er frühzeitig seinen Arbeitsplatz, nur um seinen Bau voranzutreiben, mit dem Ergebnis, daß er nicht genügend Abschlüsse vorweisen konnte. So verlor er mehr Geld, als er durch

Marke Eigenbau einsparen konnte. Die große Belohnung – das fertige Stockwerk – konnte den Verlust der kleinen tagtäglichen Freuden (Familienlebens) also keineswegs wettmachen.

3. Ein Ehepaar mit verschiedenen Arbeitszeiten steckte einen zu großen Teil des Einkommens in den Erwerb eines Luxushauses und war daher nicht mehr in der Lage, sich auch nur einen Babysitter zu leisten oder mal ins Kino zu gehen. Den Wert der Freizeit total unterschätzend, wechselten sie sich nach Dienstschluß beim Babysitten ab. Sie hatten wenig Kontakt zu ihrem Freundeskreis, und wie nicht anders zu erwarten, fingen sie bald an, sich über das Haus, die Kinder und sogar über einander zu ärgern.
4. Bob und Janes große Belohnung bestand darin, möglichst schnell schuldenfrei zu werden. So beschlossen sie, Bobs Einkommen zur Tilgung der Schulden zu verwenden und nur von Janes Gehalt zu leben. Nach zehn Jahren äußerster Sparsamkeit und Urlaubsverzicht fühlte sich Bob in seinem Job als Bauunternehmer vollkommen ausgebrannt. Dahin waren die frühere Energie, Betriebsamkeit und Leistungsfähigkeit. Sein Unternehmen machte schließlich pleite, und er mußte Bankrott anmelden.

Die großen Belohnungen sind oft kräfteraubende Streßfaktoren. Ist es da nicht viel angenehmer, sich jeden Tag eine kleine Freude zu machen? Nur sollte es wirklich *jeden Tag* geschehen. Streßreduzierende kleine Belohnungen sind auf dem Vormarsch und in der Tat Bestandteil eines jeden Haushalts, wie Wegwerfwindeln, fließend heißes Wasser, Tiefkühltruhen usw.

Um ehrlich zu sein: Armut stinkt! Ständige Geldeinnahmen ermöglichen es dagegen – vorausgesetzt, daß sie sinnvoll eingesetzt werden –, Kontrolle über das eigene Leben zu gewinnen. Sie können sich damit sogar ein Stück Glück in Form von Streßresistenz kaufen (s. Kapitel 4).
Dafür müssen Sie beileibe kein Krösus sein. Alles, was Sie benötigen, ist ein bißchen Luft in Ihrem Haushaltsplan für streßreduzierende Maßnahmen. Oft werden aber beträchtliche Summen für Dinge verschwendet, die die Streßlage noch verschlimmern, wie Glücksspiel, hochspekulative Investitionen und schlechte Lebensgewohnheiten (zum Beispiel Rauchen, Schlemmereien und Alkoholexzesse).

Das zweite und dritte Prinzip:

Hören Sie auf, sich etwas vorzumachen – Ignorieren Sie all die tröstlichen, aber unkontrollierbaren Rechtfertigungen, **Sehen Sie der Wahrheit ins Gesicht** – Machen Sie sich nur über solche Dinge Sorgen, die im Bereich Ihrer Einflußnahme liegen.

Menschen, die sich in Schwierigkeiten befinden, schaffen es immer wieder, sich in Blitzesschnelle hinter einer Mauer aus Rechtfertigungen zu verschanzen, die jenseits ihrer Kontrolle liegen. Sie tun, als ob sie keine Schuld an ihren Problemen und Streßmomenten träfe. Doch wenn sie sich bemühen, hinter diesem beruhigenden Schutzwall hervorzuschauen, dann werden sie die wahren Ursachen für ihre Probleme erkennen. Dieser Erkenntnisprozeß ist zwar oft

sehr schmerzhaft, doch hilft er, die Probleme kontrollierbar zu machen. Wirklich unkontrollierbare Streßfaktoren, wie Naturkatastrophen, kommen zum Glück sehr selten vor, obwohl sie immer die ersten Zeitungsseiten füllen.
Sich angesichts seiner Probleme hinter eine Schutzmauer zu verziehen, ist doppelt gefährlich: Zum einen brechen Sie damit die Jagd nach dem eigentlich Schuldigen vorzeitig ab; zum anderen machen Sie sich vollkommen überflüssige Sorgen über Dinge, die außerhalb Ihres Einflußbereichs liegen.
Wir wollen nun die gängigsten Probleme untersuchen, mit denen Sie in den vier Lebensbereichen konfrontiert werden können. Machen Sie sich klar, daß Sie den Streß *jedesmal* nur dadurch bekämpfen können, daß Sie der *Wahrheit* hinter den vorgeschobenen Entschuldigungen ins Gesicht sehen.
Sie glauben, daß Priester im Beichtstuhl oder Politessen beim Strafmandatverteilen die meisten Ausreden zu hören bekommen? Weit gefehlt! Die wirklichen Weltklasse-Entschuldigungen werden dem Hausarzt aufgetischt.
Bei allen nun folgenden Problemkreisen habe ich mir Hunderte von bequemen, aber unkontrollierbaren Ausreden anhören müssen. Erst wenn ich die betreffenden Patienten dazu zwang, die Wahrheit zu akzeptieren (so unangenehm das auch sein mag), sahen sie Auswege aus ihrer Misere.
Suchen Sie Auswege statt Ausreden. Dies macht den Unterschied zwischen Sieg und Niederlage im Kampf gegen den Streß aus.

Finanzen

Problem: »Ich habe einfach nicht genug Geld, egal wieviel ich verdiene« (relative Armut)

Schutzmauer: »Schlechte Wirtschaftslage.« – »Inflation.«
Wahrheit: Unrealistische Ziele. Sie leben von Ihrem Brutto-Einkommen, nicht vom Netto-Gehalt.

Schutzmauer: »Hohe Zinsen.« – »Schuld ist die Gesellschaft. Da kann man nichts machen.«
Wahrheit: Sie geben Ihr Geld falsch aus. Sie achten nicht auf Sonderangebote, sondern tätigen Spontankäufe. Sie reagieren auf Gruppenzwang mit Konkurrenzkampf (»was die können, können wir schon lange«).

Schutzmauer: »Ich bin zu müde, um mich an meinem Arbeitsplatz abzustrampeln.«
Wahrheit: Manchmal muß man ein wenig Geld investieren, um mehr Geld zu verdienen. Wenn Sie für die Hausarbeit eine Hilfe einstellen, sind Sie am Arbeitsplatz leistungsfähiger und können sich abends im Familienkreis besser entspannen. Leider wird diese Möglichkeit, die eigenen Batterien aufzuladen, zu häufig vergessen. Doch können sie im Endeffekt zu größeren Verdienstmöglichkeiten führen. Denken Sie an das erste Hanson-Prinzip der Streßreduktion: Verwöhnen Sie sich!

Persönliche Beziehungen

Problem: Die Ehe bröckelt

Schutzmauer: »Sie langweilt sich zu Hause.«

Wahrheit: Sie wird in Wirklichkeit nicht genug gefordert, ist überqualifiziert für den Nur-Hausfrauenberuf und wahrscheinlich ein wenig unorganisiert. Sie leidet unter *zu wenig* Streß und würde besser daran tun, sich einen Halbtagsjob zu suchen.

Schutzmauer: »Über Konflikte kann ich mit ihr/ihm nicht reden.«

Wahrheit: Schlechte Kommunikation; Angst vor Türknaller-Wortgefechten. (Bevor Sie sich zu solchen Wutausbrüchen hinreißen lassen, sollten Sie die Beschaffenheit Ihrer Haustüre überprüfen. Viele moderne Türen produzieren auch bei größtem Schwung nur ein höchst unbefriedigendes »Plop«, wodurch die Wirkung auf den Zankpartner natürlich ausbleibt).

Doch Spaß beseite: Kommunikationsmangel ist ein Paradebeispiel für die Macht des negativen Denkens. Wenn man sich nämlich alle negativen Reaktionen auf ein Streitthema ausmalt, spielt man in Gedanken natürlich nur die haarsträubendsten Szenen durch. So vermeiden es viele Paare lieber, das bewußte Thema überhaupt anzusprechen, und das oft über Jahrzehnte. Sie leiden unter dieser Wand aus Schweigen dann viel mehr, als sie unter der Auseinandersetzung gelitten hätten.

Schutzmauer: »Er/sie ist arbeitssüchtig.«

Wahrheit: Er/sie teilt sich die Arbeit nicht richtig ein, befindet sich auf einem Ego-Trip oder will sich häuslichen Konflikten nicht stellen. Dies ist eine gesellschaftlich akzeptierte Spielform von ›Feigheit vor dem Feind‹. Vom Standpunkt des vernachlässigten Partners aus ist ein solches Verhalten genauso schlimm wie Pokernächte oder die Sucht nach Glücksspiel.

Schutzmauer: »Er/sie braucht das Gefühl der Freiheit.«
Wahrheit: Er/sie ist überall gern, nur nicht zu Hause.

Schutzmauer: »Er/sie braucht jemand Jüngeren.«
Wahrheit: Ist wohl selbst ein bißchen eingerostet. Versucht, die Jugend zurückzugewinnen. Nur ist es nie die *eigene* Jugend, die er/sie bekommt.

Schutzmauer: »Die schönen Jahre sind vorbei.«
Wahrheit: Mangelnde Flexibilität im Alltag, Spontaneität unerwünscht. Dabei ist sie wirklich nicht wild darauf, sich jeden Samstag die Sportschau anzuschauen. Und er mag sich auch nicht ständig anhören, was im Denver-Clan jetzt wieder passiert ist.

Problem: Das Sexualleben ist stinklangweilig
Schutzmauer: »Was kann man in meinem Alter schon noch erwarten?«
Wahrheit: Na, was wohl? Versagensängste und Streß. Doch ist es wichtig, sich immer vor Augen zu führen, daß Potenzangst beim Mann zu vorzeitiger Ejakulation führt, während die Versagensangst bei der Frau den Orgasmus hinauszögert. Das heißt: Sie ist noch gar nicht richtig warmgeworden, wenn er schon in der Abkühlphase ist. Dies ist *das* Sexualproblem in den meisten Partnerschaften. Sie können aber lernen, es zu überwinden. Gehen Sie zu einer Eheberatung und lesen Sie Bücher wie Alex Comforts *Joy of Sex/Freude am Sex.*

Problem: Die Kinder sind fremd geworden
Schutzmauer: »Verschlossene, verdrießliche Teenager.«
Wahrheit: Sie haben sich nicht genug mit Ihren Kindern beschäftigt, als sie heranwuchsen. Kein Wunder, daß sie Ihnen jetzt fremd erscheinen. Ein klassisches Problem von Typ-A-Arbeitstieren, aber auch oft bei Kindern zu beobachten, die gegen jeglichen Streß abgeschirmt wurden.

Schutzmauer: »Ich habe irgendwie nie Zeit für meine Familie.«
Wahrheit: Unökonomische Arbeitsweise, Unfähigkeit, zu delegieren. Sie sollten unwichtige Aufgaben (Vereinsarbeit, Ehrenämter und Nebenjobs) abgeben. Eine typische Klage von Leuten, die ihre Leistungsfähigkeit überschritten haben und jetzt unter zuviel Streß leiden.

Gesundheit

Problem: Schmerzen in der Brust
Schutzmauer: »Das geht vorüber. Wahrscheinlich habe ich irgend etwas gegessen, das mir nicht bekommen ist.«
Wahrheit: Ignorieren Sie dieses mögliche Herzinfarkt-Warnzeichen nicht! 60 Prozent aller selbständigen Geschäftsleute kennen (und ignorieren) solche Schmerzen. Lassen Sie sich von Ihrem Arzt durchchecken und gehen sie erst dann achselzuckend über Ihre Schmerzen hinweg, wenn der Arzt Ihnen sagt, es sei nichts Besorgniserregendes. Stellen Sie diese Diagnose aber nicht selbst!

Problem: Keine körperliche Ausdauer
Schutzmauer: »Es ist das Alter.«
Wahrheit: Trägheit seit dem sechsten Lebensjahr.

Schutzmauer: »Ich spiele doch Baseball.«
Wahrheit: Die meiste Zeit stehen Sie auf dem Platz herum und warten auf den Ball.

Schutzmauer: »Ich gehe kegeln.«
Wahrheit: Die Kegel bekommen mehr Bewegung als Sie.

Schutzmauer: »Am Wochenende spiele ich ein bißchen Fußball.«
Wahrheit: Hört sich an wie eine Bierreklame, und tatsächlich wird der sportliche Nutzen durch das »Bier danach« null und nichtig.

Problem: Übergewicht
Schutzmauer: »Wenn ich das Essen für meine Familie bereite, muß ich hinterher einfach mitessen.«
Wahrheit: Wenn Sie Ihrem Hund beibringen können, nicht auf den Küchentisch zu springen und Ihr Essen zu vertilgen, dann sollten Sie das erst recht lernen können.

Schutzmauer: »Mein Gewicht bleibt konstant, egal was ich mache.«
Wahrheit: Sie müssen ganze Tüten futtern, um Ihr Gewicht oben zu halten. Übergewicht ist kein passives Leiden; Sie müssen schon sehr aktiv sein beim Essen.

Schutzmauer: »Ich esse weniger als alle meine Freunde.«
Wahrheit: Aber nur dann, wenn diese dabei sind. Allein fressen Sie wie ein Scheunendrescher.

Schutzmauer: »Ich esse nur, weil ich höflich sein will. Die Leute sagen oft: ›Iß das, ich habe es extra für dich gemacht.‹«

Wahrheit: Versuchen Eltern, Freunde oder der Partner vielleicht, Sie zu sabotieren, weil sie neidisch auf Ihren Erfolg sind? Den Leuten ist möglicherweise daran gelegen, Sie in Ihrem unbedrohlichen, weil fetten, Zustand zu behalten. Erkennen Sie die Beweggründe hinter solchen Nötigungen und lehnen Sie freundlich, aber bestimmt ab. Wenn Sie sich mästen lassen, ist dies vielleicht ein Zeichen für Minderwertigkeitskomplexe.

Schutzmauer: »Ich muß doch für die Kinder backen (und Süßigkeiten kaufen)

Wahrheit: Ach, kommen Sie! Sie backen (und kaufen) für sich selbst, und die Kinder kriegen, was Sie übriglassen.

Schutzmauer: »Ich habe schwere Knochen.«

Wahrheit: Schwere Knochen sind kein Grund dafür, daß Sie sich in jeden Stuhl zwängen müssen. Sie sind *fett!* Wenn Sie das nicht zugeben, werden Sie niemals abnehmen. Je nach Knochenstruktur ist es möglich, vier bis sechs Kilo über dem Idealgewicht zu liegen. Doch nur der Badeanzug-Test vor dem Spiegel wird Aufschluß darüber geben, ob Sie nicht doch ein bis zwei Speckrollen entbehren können.

Schutzmauer: »Ich esse oft im Restaurant.«

Wahrheit: Nur weil Sie das Geschirr nicht selbst zu spülen brauchen, heißt das noch lange nicht, daß Sie die Speisekarte rauf und runter essen müssen.

Schutzmauer: »Es liegt nicht etwa daran, daß ich zuviel äße.«
Wahrheit: O doch!

Schutzmauer: Schlechtes Selbstbild, Minderwertigkeitsgefühle, Angst, verletzt zu werden.
Wahrheit: Übergewicht ist nichts als ein Verdrängungsmechanismus, der uns vor Sticheleien schützen soll. Oft ist es auch nur ein Zeichen von Feigheit. Wenn Sie sich mit ein bißchen mehr Respekt behandeln, wird Ihre Umwelt das auch tun.

Schutzmauer: »Ich kann keinen Sport treiben, ich bin zu schwer. Mein Rücken tut weh, und die Knie schmerzen.«
Wahrheit: Warum gehen Sie nicht schwimmen? Sogar ein Walroß bewegt sich unter Wasser elegant wie eine Ballerina.

Schutzmauer: »Ich habe eine Drüsenstörung.«
Wahrheit: Falsch! Sie essen zuviel.

Schutzmauer: »Jetzt ist Frühstückszeit, da muß ich doch irgendwas essen (Frühstück ist wahlweise durch Mittagessen oder Abendbrot zu ersetzen).«
Wahrheit: Übergewichtige können problemlos eine Mahlzeit überspringen, solange sie keinen Hunger haben.

Schutzmauer: »Ich muß doch für meine Familie kochen. Deshalb werde ich immer dicker.«
Wahrheit: Sie müßten nicht soviel kochen, wenn Sie nebenher nicht soviel probieren würden.

Schutzmauer: »Ich fühle mich schwach, wenn ich nichts im Magen habe.«
Wahrheit: Wenn ein Bär es den ganzen Winter ohne Nahrung aushalten kann, dann werden Sie bis zum Abendessen wohl noch ein, zwei Stunden warten können. Sollten Sie wirklich das Gefühl haben, Sie kippen um, wenn Sie nichts zu beißen bekommen, dann versuchen Sie doch einen kalorienarmen, ballaststoffreichen Snack (s. Seite 131 f.).

Schutzmauer: »Das Übergewicht ist bei uns erblich bedingt.«
Wahrheit: Die ganze Familie frißt zuviel.

Schutzmauer: »Ich muß das Essen nur anschauen . . .«
Wahrheit: . . . und es dann verschlingen.

Problem: Rauchen
Schutzmauer: »Es ist so entspannend.«
Wahrheit: Genauso entspannend ist es, die Schwiegermutter endlich abfahren zu sehen.

Schutzmauer: »Ich nehme zu, wenn ich aufhöre.«
Wahrheit: Kaufen Sie sich einen Schnuller. Raucher werden auch dick. Das wirkliche Problem ist die orale Fixierung aus der Zeit des Daumenlutschens.

Schutzmauer: »Ich bin unausstehlich bei Entzugserscheinungen.«
Wahrheit: Das kriegen Sie in den Griff. Gehen Sie zum Arzt oder versuchen Sie es, wenn nötig, mit Akupunktur oder Hypnose.

Schutzmauer: »Ich kann jetzt nicht aufhören, denn bald ist diese Konferenz, und da raucht dann jeder.«
Wahrheit: Das ist Verzögerungstaktik. Nach dieser Konferenz kommt die nächste, usw. Hören Sie *heute* auf!

Schutzmauer: »So haben meine Hände auf der Party wenigstens irgendwas zu tun.«
Wahrheit: Dann könnten Sie auch in der Nase bohren.

Schutzmauer: »Es sieht so elegant und nach Selbstvertrauen aus.«
Wahrheit: Ihr Jackett stinkt so sehr nach Rauch, es könnte den Feueralarm auslösen.

Schutzmauer: »Es ist romantisch.«
Wahrheit: Ihr Odem duftet wie ein gebackener Turnschuh, Baby.

Problem: Zuviel Alkohol
Schutzmauer: »Gruppenzwang.«
Wahrheit: Haben Sie schon einmal darüber nachgedacht, sich eine andere Gruppe zu suchen? Wenn Sie noch lange so weitersaufen, könnte die harntreibende Wirkung des Alkohols Ihnen bald in Ihrer geliebten Gruppe zu dem Spitznamen ›Sextanerbläschen‹ verhelfen.

Schutzmauer: »Streß bei der Arbeit (oder zu Hause).«
Wahrheit: Es scheint leichter, den Streß zu ertränken, als ihm ins Auge zu blicken. Wenn Sie jedoch das Hasenpanier ergreifen, wird Ihr Streß dadurch nicht weniger.

Problem: Falten im Gesicht
Schutzmauer: »Es ist das Alter.«
Wahrheit: Drei vermeidbare Ursachen lassen die Haut vorzeitig altern:

1. *Zuviel Sonne:* Unausgesetzte Sonnenbestrahlung läßt auch die Haut eines Zwanzigjährigen schrumpeln. Ganz abgesehen von den Hautkrebsrisiken, sind Sonnenflekken häßlich und lassen Sie wie den Verlierer eines Motocross-Rennens aussehen. Sonnenstrahlen machen die Haut dünn und daher noch lichtempfindlicher. All diese Veränderungen lassen sich durchaus kontrollieren: Richtige Kleidung, Sonnenschutzmittel und große Hüte sind angebracht. Oder suchen Sie einfach den Schatten auf.
2. *Zuviel Alkohol:* Täglicher Alkoholkonsum läßt die Haut wie auch den gesamten Körper vorzeitig altern (s. Kapitel 3).
3. *Zuviel Streß:* Kann einen Menschen buchstäblich über Nacht zum Greis machen.

Problem: Spannungskopfschmerz
Schutzmauer: »Einfach zuviel Streß.«
Wahrheit: Sie haben Ihre Probleme nicht im Griff. Sie beherrschen keine Entspannungstechniken, die den Kopfschmerz schon im Ansatz vertreiben könnten (leicht durch Hypnose oder andere Methoden, wie das Kraftnickerchen, s. Seite 101 f., erlernbar). Falsche Ernährung: Zum Beispiel führt zuviel Zucker zu hypoglykämischen Kopfschmerzen. Oder sind Sie vielleicht gegen bestimmte Lebensmittel (Schellfisch, Erdnüsse, Milchprodukte) allergisch? Wenden Sie sich an Ihren Arzt, um das feststellen zu lassen.

Daneben gibt es aber auch den typischen ›Rückschlag-Kopfschmerz‹, der sich dann einstellt, wenn Sie zu viele Medikamente gegen vorherige Kopfschmerzen genommen haben – ein Teufelskreis, der vor allen Dingen bei Patienten zu beobachten ist, deren Kopfschmerz mit hohen Kodeingaben therapiert wird.
Wie dem auch sei: Kopfschmerzen sind ein ernstzunehmendes Krankheitsbild, und Sie sollten sich von Ihrem Arzt gründlich durchchecken lassen. Denn schon leichte Kopfschmerzen können auf ernstere Probleme hinweisen und dürfen daher nicht ignoriert werden.
Ich habe mit Akupunktur bei der Behandlung von chronischem Tablettenmißbrauch gute Erfahrungen gemacht. Sobald die Patienten von ihrem Schmerz-Medikament-Zyklus befreit waren, ließen oft auch die Kopfschmerzen nach.

Sonstige Probleme: Ekzeme, Bluthochdruck usw. stehen oft im direkten Zusammenhang mit Streß, so daß Heilungschancen durch besseren Umgang mit Streß gegeben sind. Gehen Sie zum Arzt.

Berufliches Umfeld:

Problem: Firma ist pleite (bei Selbständigen)
Schutzmauer: »Das Wetter ist schuld.«
Wahrheit: Warum mußten Sie auch den einzigen Laden für Gartenbedarfsartikel mitten in der Wüste eröffnen?

Schutzmauer: »Die Zinsen haben alles aufgefressen.«
Wahrheit: Falsches Marketing, falscher Standort, falsches Timing (zum Beispiel Terrassenmöbel im Oktober) oder einfach das falsche Produkt (Eisschränke für Eskimos).

Schlechte Geschäftsführung und Mitarbeitermotivierung durch Inkompetenz oder durch falsche Ausbildung für den Beruf.

Schutzmauer: »Die Bank ist schuld. Sie hat den ganzen Kredit zurückgefordert.«
Wahrheit: Banken sind eigentlich kein nimmer versiegender Quell der Nächstenliebe. Sie sind aber in den meisten Fällen mit Kreditgewährung durchaus großzügig, dies jedoch nur, solange sie nicht vermuten müssen, ihr Geld in einen faulen Kunden zu investieren.

Schutzmauer: »Ich war meiner Zeit einfach voraus« (verstecktes Selbstkompliment).
Wahrheit: Sie hatten überhaupt kein Gefühl fürs Timing.

Schutzmauer: »Die Kunden haben mein Produkt nicht verstanden« (sie waren die Dummen).
Wahrheit: Entweder haben Sie Ihr Produkt nicht richtig erklärt und beworben oder einfach das falsche Produkt gewählt. (In jedem Fall ist es Ihre Schuld.)

Problem: Entlassen, zum Beispiel wegen Geschäftsauflösung
Schutzmauer: »Es ist die Rezession.«
Wahrheit: Tun Sie etwas! Bleiben Sie nicht in der ›Geisterstadt‹, wenn Arbeit woanders zu bekommen ist. Die USA wurden beispielsweise von Menschen gegründet, die Europa aus diesen Gründen den Rücken kehrten.

Schutzmauer: »Wir können sowieso nichts daran ändern.«
Wahrheit: O doch: Flexibilität beweisen, in arbeitsmarkttechnisch besser geeignete Gegenden ziehen, die eige-

nen Fähigkeiten ausbauen und Ansprüche ein wenig zurückschrauben. (Einer meiner Patienten war ein hochspezialisierter Metallurgie-Wissenschaftler. Als seine Firma, die am Ende der Welt lag, dicht machte, zog er in ein industriell erschlosseneres Gebiet und fand Arbeit in einer Automobilfirma. Dies war zwar nur Fließbandarbeit, doch brachte er es durch Überstunden bald auf sein früheres Einkommen. Die ehemaligen Kollegen, die weniger flexibel waren und weiterhin auf Arbeit in ihrem Elfenbeinturm bestanden, sind immer noch arbeitslos und leiden wahrscheinlich unter viel stärkerem Streß). Viele Arbeitslose könnten sich durch kleinere Jobs in der Nachbarschaft über Wasser halten. Sie könnten ihre Hilfe bei Gartenarbeit, Schneeschippen oder Renovierungen anbieten. Das wird zumindest die Geier von ihnen fernhalten, bis sie etwas Passenderes gefunden haben. Es könnte sich aber sogar zu einer hauptberuflichen Tätigkeit entwickeln. Nur in den wirklich strukturschwachen Gebieten besteht kein Markt für solche Arbeit.

Problem: Manager wird herabgestuft oder entlassen

Schutzmauer: »Das System ist schuld.« – »Man hat an meinem Stuhl gesägt.« – »Ich mußte gehen, weil ich über fünfzig bin/weil ich keinen Universitätsabschluß habe.«

Wahrheit: Es könnte sein, daß Sie sich nicht bewährt oder Leute gegeneinander ausgespielt haben. Ebenso wahrscheinlich ist aber auch, daß Ihre Fähigkeiten in der Firma einfach nicht mehr gefragt sind.

Problem: Kann nach Promotion keine Stelle finden
Schutzmauer: »Der Arbeitsmarkt ist zu.«
Wahrheit: Niemand wird Sie einstellen, wenn Sie keine marktfähigen Qualitäten mitbringen. Ein Doktortitel in altenglischer Literatur wird wohl wenige Personalchefs zu Begeisterungsstürmen hinreißen.

Problem: Wenig Freunde unter Arbeitskollegen
Schutzmangel: »Niemand, mit dem es sich lohnen würde.«
Wahrheit: Wahrscheinlich denkt man dasselbe von Ihnen. Freundschaften wollen gepflegt werden. Und es muß ja nun nicht sein, daß Sie mit der ganzen Firma auf du und du sind. Ein paar gute Freunde reichen.

Problem: Zuviel Streß am Arbeitsplatz
Schutzmauer: »So geht es doch jedem – das Leben ist halt schwer.«
Wahrheit: Könnte ein typischer Fall von Peter-Prinzip sein. Beförderung bis zur Inkompetenz. Von da an geht es weder vor noch zurück.
So läuft es in jeder Hierarchie zwangsläufig auf Inkompetenz hinaus. Die Lösung ist einfach: Erkenne dich selbst. Sagen Sie »nein« zu Beförderungen, die Sie zum Mittelmaß verdammen, weil der Job Sie überfordert. Bleiben Sie lieber bei der Arbeit, in der Sie Herausragendes leisten können. Lassen Sie sich notfalls sogar zurückstufen. Keine wirklich gute Firma wird Ihnen diesen Wunsch abschlagen. In einem schlecht geführten Unternehmen müßten Sie dagegen eventuell Ihren Abschied nehmen.

Schutzmauer: »Ich stecke bis über beide Ohren in Arbeit, aber wer sonst könnte das alles erledigen?«

Wahrheit: Sie sind ein schlechter Lehrmeister und können nicht delegieren. Wahrscheinlich sind Sie noch nicht einmal in der Lage, eine Party zu organisieren.

Problem: Langeweile bei der Arbeit; haßt den Job

Schutzmauer: »Ich hasse meinen Job, kann aber jetzt nicht aufhören, weil die Pension sonst futsch wäre.«

Wahrheit: Sie brauchen nicht Ihr Leben lang im falschen Beruf zu bleiben, ebensowenig wie im falschen Freundeskreis oder in einer schlechten Ehe. Niemand zwingt Sie, die falschen Entscheidungen gegen den Streß zu treffen, die irgendwann zum gesundheitlichen Zusammenbruch führen. Schließlich sind Sie kein grober Klotz, der nur darauf wartet, von einer Axt bearbeitet zu werden. Sie können Ihr Geschick in die eigenen Hände nehmen.

Schutzmauer: »Mit meiner Pension werde ich garantiert den Ruhestand genießen.«

Wahrheit: Wird Ihre Witwe sich über das Geld freuen, wenn sie dafür noch Sie haben könnte?

Geben Sie den verhaßten Beruf noch heute auf und stürzen Sie sich mit Begeisterung in eine neue Karriere. Auch wenn Ihr Einkommen zunächst etwas geringer ist, können Sie in Ihrem neuen Gebiet länger und vor allem mit mehr Freude arbeiten. So wäre es zumindest ziemlich unmöglich, zwei Jahre nach der Pensionierung an zu geringer Streßbelastung zu sterben.

Zusammenfassend ist zu sagen:

Nach der Lektüre dieses Buches sollten Sie sich all der Streßfaktoren bewußt sein, die durch Ihr tägliches Leben geistern. Jetzt haben Sie das nötige Wissen, wie Sie Ihre Streßabwehrkräfte zu einem wahren Bollwerk machen können. Sie haben Einsicht in die physischen Abläufe bei Streß gewonnen. Sie sind sich ebenfalls darüber im klaren, daß die Streßreaktionen Ihres Körpers zwar ein wenig antiquiert sind, jedoch durch bewußte Kompetenz entscheidend unterstützt werden können. Die Fronten sind klar, der Sieg ist in greifbarer Nähe. Der Kostenaufwand ist gering, die zu bringenden Opfer sind es ebenfalls und die Belohungen wertvoller als sechs Richtige im Lotto. Denn sie bescheren Ihnen ein langes, erfülltes Leben und größeren Berufserfolg. Wenn Sie Ihre Kontrolle mit Bedacht ausüben und die richtigen Entscheidungen treffen, dann halten Sie alle Trümpfe in der Hand.
Schauen Sie also nicht mit fatalistischer Resignation in die Zukunft. Nehmen Sie den Kampf um Ihr Leben auf. Vertecken Sie sich nicht vor Ihrem Streß. Fassen Sie mutig neue Streßmomente ins Auge. Lassen Sie sich vom Streß nicht *bedrohen,* sondern *beflügeln.* Lernen Sie die innere Befriedigung des ›mens sana in corpore sano‹-Prinzips kennen: In einem gesunden Körper lebt ein gesunder Geist. Blicken Sie mit berechtigtem Optimismus in die Zukunft. Nehmen Sie Ihr Leben in die eigenen Hände, denn Sie haben mehr als nur ein befristetes Durchgangsvisum fürs Leben.
Befolgen Sie die drei Hansonschen Prinzipien zum richtigen Umgang mit Streß:

1. Verwöhnen Sie sich.
2. Hören Sie auf, sich etwas vorzumachen.
3. Blicken Sie der Wahrheit ins Gesicht.

Die Hanson-Methode will nichts anderes, als daß Sie ein Leben anstreben, das prallvoll und farbenfroh ist und Ihnen mehr Spaß machen wird – Ihnen und denjenigen, die Sie lieben.

JETZT KENNEN SIE DIE FREUDE AM STRESS.

Erkennen Sie sich selbst

Sozialstil-Quadranten: In welches Kästchen gehören Sie?

Wie wir gesehen haben, setzt ein gutes Streß-Management genaue persönliche Einschätzung voraus, und zwar in allen Lebenslagen: Bei der eigenen (realistischen) Zielsetzung (s. Kapitel 4) wie auch bei der Suche nach einem geeigneten Beruf, Selbsterkenntnis ist unerläßlich im Umgang mit Vorgesetzten, Arbeitnehmern, Kunden und vor allem in der Familie.
Larry Wilson (von der Larry Wilson Learning Corporation) hat ein erstaunlich einfaches, doch ungemein konsequentes Richtlinien-System entwickelt, das Handelsvertretern die Erkenntnis der vier grundlegenden Verhaltensstile erleichtern soll.
Ursprünglich dazu bestimmt, den Vertretern einen besseren Zugang zu den unterschiedlichsten Kundentypen zu ermöglichen (es lehrt die Verkaufsexperten, sich blitzschnell auf den Kunden einzustellen), ist diese Systematik aber für die täglichen zwischenmenschlichen Beziehungen eine wertvolle Hilfe. Denn jeder Anhänger eines spezifischen Sozialstils fühlt sich am wohlsten, wenn er es mit

Menschen zu tun hat, die vom gleichen Schlage sind wie er. Bei der Arbeit klappt das meist ganz hervorragend, doch seltsamerweise selten in der Ehe. Die wenigsten Menschen wählen ihren Partner aus demselben Sozialstil-Quadranten, was einerseits der Ehe gehörig Pep verleiht, andererseits aber auch zu heftigen Reibereien führen kann. Gerade daher ist es wichtig, sich ein wenig Stil-Flexibilität anzueignen. Unter Eheberatern wird die Wilson-Systematik sogar als Geheimtip gehandelt, verhilft sie doch den Ratsuchenden zur Einsicht, warum der Partner sich so verhält und nicht anders.

Diese Sozialstile haben ausschließlich mit Wohlbefinden und Präferenz zu tun und lassen keinerlei Rückschlüsse auf Intelligenz, Ambition oder Erfolg zu. Doch kann man für jeden Sozialstil besondere Verhaltensmuster vorhersagen, so daß Ihre zwischenmenschlichen Beziehungen zu Hause und am Arbeitsplatz von dieser Kenntnis nur profitieren können.

Lassen Sie uns zunächst sehen, in welchen Quadranten Sie ›passen‹ und ordnen Sie dann Ihre Lieben ein. Sie brauchen sich lediglich zwei Fragen zu stellen: 1. Ist der/die Betreffende *emotional?* oder 2. Ist der/die Betreffende *extrovertiert?* (Tabelle Seite 226) gibt Ihnen Erkenntnishilfen.

Sobald Sie Ihren persönlichen Quadranten ausfindig gemacht haben (die meisten Menschen zeigen leichte Tendenzen zu mindestens noch einem anderen Quadranten), können Sie anhand der Tabelle auf Seite 226 vorhersagbare Verhaltensmuster und Neigungen feststellen. Ausgebuffte Verkaufsspezialisten benutzen diese Tabelle, um herauszufinden, wie sie ihr Produkt am besten präsentieren, um es an den Mann zu bringen (s. auch Literaturhinweise).

Versuchen Sie nun, Ihren Partner, Kinder und Eltern den jeweiligen Sozialstil-Quadranten zuzuordnen. Dies ge-

währt Ihnen nicht nur Einsicht in die individuellen Problemlösungsstrategien Ihrer Nächsten, Sie bekommen auch eine reelle Chance, den häuslichen Streß durch größere Flexibilität im zwischenmenschlichen Umgang zu mildern. Diese Fähigkeiten werden nicht nur Handelsvertretern am Arbeitsplatz zugute kommen. Für Arbeitgeber sind sie unschätzbar zur Mitarbeiter-Motivierung, und als Untergebener können Sie dadurch ein besseres Verhältnis zur Chefetage erlangen.
Schließlich sollten diejenigen, die im falschen Beruf gelandet sind, mit Hilfe von der Tabelle auf Seite 227 feststellen, ob ihr Sozialstil für die falsche Wahl verantwortlich ist. Gleichzeitig können Sie sich aber auch mit Ihrem Wissen einen geeigneteren Berufszweig aussuchen. (Dies wird vor allem für Ihre Kinder von Nutzen sein, wenn sie gerade an der Schwelle zum Berufsleben stehen.)

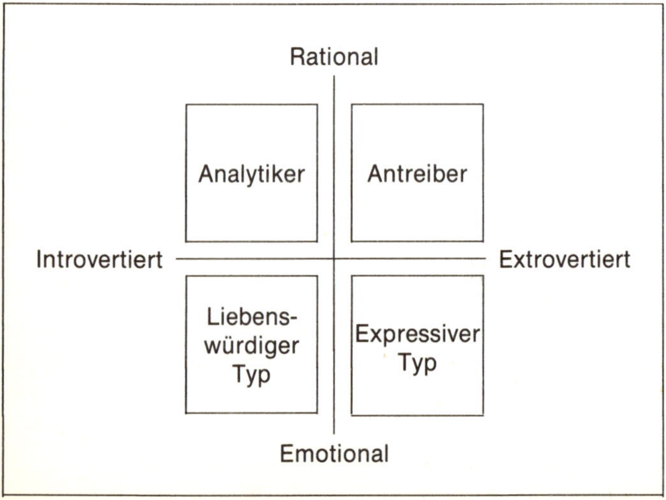

© Wilson Learning Corp. 1978

Erkenntnishilfen

Ist die Person rational oder emotional?

Rational:
- Reserviert und zugeknöpft, Pokerface
- Vorsicht und Vorsorge bei allen Aktionen
- Braucht Fakten und Details
- Kaum Augenkontakt beim Zuhören
- Strenger, ernster Gesichtsausdruck, forschender Blick
- Läßt Gefühle kaum zu, hat nichts übrig für Anekdoten und Smalltalk

Ist die Person introvertiert oder extrovertiert?

Introvertiert:
- Kaum Stimmodulation, um Gedanken besonders zu unterstreichen;
- Gesichtsausdruck und Haltung eher ruhig und zurückhaltend
- Bedächtige, einstudierte oder langsame Redeweise
- Undefinierbarer Händedruck
- Stellt eher Fragen als Behauptungen auf
- Ist sich nicht sicher, was verlangt wird;
- Lehnt sich zurück

Extrovertiert:
- Verleiht Ideen durch Betonung Nachdruck
- Aggressiv-dominanter Ausdruck
- Schnelle, klare Sprache
- Fester Händedruck
- Stellt eher Behauptungen auf, als zu fragen
- Sagt ausdrücklich, was gewünscht ist
- Lehnt sich vor, um die eigene Ansicht zu unterstreichen

Emotional:
- Lebhaft, expressiver Gesichtsausdruck
- Lächelt, nickt, runzelt die Stirn
- Aktionen sind offen und eifrig
- Pocht nicht auf Tatsachen
- Häufiger Augenkontakt beim Zuhören
- Freundlicher Blick
- Freie Gestik, versteckt Hände nicht, keine geballte Faust
- Teilt Persönliches mit
- Aufmerksam, verständnisvoll, freut sich über zwischenmenschliche Kontakte

Stärken und Schwächen

	Stärken	Schwächen
Antreiber (Spezialist für Kontrolle)	bestimmend, hart im Nehmen, entscheidungsfreudig, effizient, geht ran wie Blücher	drängelig, streng, dominant, schroff, fordernd
Expressiver Typ (Spezialist für Soziales)	persönlich, stimulierend, enthusiastisch, dramatisch, inspirierend	starrsinnig, manipulativ, reizbar, marktschreierisch, anspruchsvoll
Liebenswürdiger Typ (Spezialist für Unterstützung)	rückenstärkend, respektvoll, willig, verläßlich, persönlich	konformistisch, zurückgezogen, meinungslos, undiszipliniert, rührselig
Analytiker (Spezialist für Technik)	fleißig, beharrlich, ernsthaft, wachsam, ordentlich	unkommunikativ, unentschlossen, kühl, kleinlich, unpersönlich

Stärken und Schwächen

	Richtige Berufswahl	Falsche Berufswahl
Antreiber	Geschäftsführer, Politiker	Babyfotograf
Expressiver Typ	Schauspieler, PR, Vertreter – alles mit Publikumskontakt	Buchhalter, Wissenschaftler, Bibliothekar
Liebenswürdiger Typ	PR, Vertreter, Dienstleistungsgewerbe, Industrie	Steuerfahnder, Gewerkschaftsführer, Rausschmeißer, Feldwebel
Analytiker	Buchhalter, Börsenmakler, Forscher, Physiker	Show-Moderator, Kreuzfahrt-Animateur

Sozialstil: Zusammenfassende Übersicht

Schulungstabelle für Handelsvertreter

	Antreiber	Expressiver Typ	Liebenswürdiger Typ	Analytiker
Verhalten, wenn er sich in eine Ecke gedrängt fühlt	autokratisch	offensiv	nachgiebig	vorsichtig
Bemißt persönliche Werte durch	Aktivität	Applaus	Aufmerksamkeit	Ergebnisse
Um sich entfalten zu können, muß er	entscheiden	Menschen erreichen	zuhören	sich versichern
Ist ihm heilig:	seine Zeit	seine Mühe	seine Beziehungen	seine Selbstachtung
Braucht eine Atmospähre,	der er seinen eigenen Stempel aufdrücken kann	in der er sich für seine Ziele begeistern kann	die suggestiv ist	durch die weitere Fakten geboren werden

Wirken Sie	leistungsfähig	stimulierend	nett	genau
Unterstützen Sie seine	Schlußfolgerungen und Handlungen	Träume und Intuitionen	Beziehungen und Gefühle	Prinzipien und Denkweisen
Konzentrieren Sie sich bei Ihrer Vorstellung auf das	Was	Wer	Wie	Warum
Geben Sie ihm Entscheidungshilfen in Form von	Optionen und Wahrscheinlichkeiten	Zeugnissen und Anreizen	Garantien und Versicherungen	Beweisen und Serviceleistungen
Seine Spezialität	Kontrolle	Soziales	Unterstützung	Technik

Ernähren Sie sich richtig

Vitamine und Mineralstoffe

Fettlösliche Vitamine

Werden in großen Mengen im Körper gelagert; brauchen daher nur selten ersetzt zu werden.

Vitamin A
Funktionen: Wichtig zur Gesunderhaltung der Haut. Sorgt für gutes Sehen, stärkt die Abwehrkräfte und ist für viele chemische Körpervorgänge unerläßlich.
Vorkommen: Möhren, Spinat, Rüben und andere Gemüsesorten, Palmöl, Milchprodukte, Eier usw. Hochdosiert auch in Leber.
Tagesbedarf: 0,8–1 Milligramm (mg). Wird von einer ausgewogenen Ernährung problemlos gedeckt. Zusätzliche Vitamingaben setzen sich bis zu einem gewissen Grad in der Leber ab, weitere Vitaminexzesse würden in die Blutbahn ausweichen. Dort wirken sie hochgiftig.
(Beispiel: 50 g Aal enthalten 0,5 mg, ½ l Milch 0,15 mg, 50 g Leberwurst 0,4 mg Vitamin A.)

Vitamin D

Funktionen: Verhindert Rachitis, sorgt für normales Knochenwachstum. Ohne ausreichende Vitamin D-Zufuhr kann der Körper den Calcium-Anteil der Nahrung nicht für sich verwerten, er wird ungenutzt wieder ausgeschieden. Die Folge: Der Organismus holt sich das Calcium aus den Knochen und leitet es in die Blutbahn, um Defizite auszugleichen. Das kann zu lebenslanger Verkrüppelung führen, wenn dem nicht rechtzeitig durch Vitamin D-Gaben entgegengewirkt wird. Bei Erwachsenen führt ein Vitamin D-Defizit zur Knochenerweichung mit häufig starken Schmerzen und Deformierungen.

Vorkommen: Fisch, Fleisch, Eigelb, Butter, Käse und Milch; in Rinder- Schweine- und Schafsleber. Doch beziehen die meisten Erwachsenen den Löwenanteil ihres Vitamin D-Bedarfs aus dem Sonnenlicht.

Tagesbedarf: 10 Mikrogramm (μg) für Kinder, Schwangere und während der Stillzeit. Im Alter von 12 Jahren fällt der Tagesbedarf auf die Hälfte, später sogar auf ein Viertel. Vitamin D-Ergänzung ist meist nicht nötig.

(Beispiel: 5 μg Vitamin D sind enthalten in einem 150 g-Kotelett.)

Vitamin E

Funktionen: Ein wichtiges Anti-Oxidiermittel, das zerstörerische Sauerstoffattacken auf essentiell ungesättigte Fettsäuren in den Zellmembranen verhindert. Neben dem Schutz von Vitamin A im Darm ist es auch zur Aufrechterhaltung des Muskel-Stoffwechsels wichtig. Es wacht zum Beispiel über die Gesundheit des Herzmuskels, der Blutgefäße, der Leber, der Nieren und der Gehirnzellen. Vitamin E-Mangel beeinträchtigt die Spermienproduktion des Mannes und kann bei der Frau zu Fehlgeburten führen.

Vorkommen: Pflanzenöle, die meisten Gemüsesorten, viele Obstsorten, Eier, Milchprodukte.
Tagesbedarf: 12 bis 15 mg für Erwachsene, der Bedarf erhöht sich jedoch in bestimmten Situationen und bei Streßbelastung. Nebenwirkungen sind auch bei starker Vitamin E-Dosierung selten, doch führt ein solcher Konsum zu erheblichen Ansammlungen im Fettgewebe des Körpers. Ob eine Langzeiteinnahme von großen Vitamin E-Gaben schädlich ist, ist noch strittig.
(Beispiel: 1 EL Sonnenblumenöl enthält 10 mg Vitamin E).

Vitamin K
Funktionen: Findet hauptsächlich Einsatz als Blutgerinnungshelfer und schützt so vor inneren und Schnittblutungen.
Vorkommen: Grünes Blattgemüse, Sojabohnen, viele andere Gemüsesorten, Rinderleber, grüner Tee, Eigelb, Milchprodukte.
Tagesbedarf: 1,3–1,5 mg. Eine normale Ernährung stellt allein schon 4 mg am Tag, daher ist ein medikamentöser Ersatz – außer in wenigen, wirklich außergewöhnlichen Fällen – überflüssig. Ihr Arzt kann Sie jedoch über einen möglichen Zusatzbedarf informieren.
(Beispiel: 150 g Brokkoli enthalten 1,2 mg Vitamin K).

Wasserlösliche Vitamine

Werden durch den Urin ausgeschieden; müssen daher regelmäßig zugeführt werden.

Vitamin B_1 (Thiamin)
Funktionen: Verhindert Beriberi, eine subtropische Krankheit, die durch langsam zunehmende Schwächezustände charakterisiert ist. Ebenso wichtig als Nervenfutter, für die Herzmuskelfunktionen und die Energieversorgung.
Vorkommen: Naturbelassener brauner Reis, mageres Fleisch, Eier, Milch, Meeresfrüchte. Kleinere Mengen finden sich in den meisten Gemüse- und Obstsorten. In den armen Bevölkerungsgruppen Asiens war Beriberi lange Zeit so gut wie unbekannt, denn sie ernährten sich hauptsächlich von unbehandeltem Reis. Sie konnten sich den ›feineren‹ weißen Reis, dem das ganze Thiamin (und alle Ballaststoffe) entzogen war, einfach nicht leisten.
Tagesbedarf: Erwachsene brauchen etwa 1,5 mg, doch sind größere Mengen Thiamin unschädlich. Die meisten Vitaminpillen enthalten zwischen 15 und 20 mg.
(Beispiel: Ein 150 g-Schnitzel enthält 1,2 mg Thiamin).

Vitamin B_2 (Riboflavin)
Funktionen: Lebenswichtig für die Gesunderhaltung von Haut, Schleimhäuten, Hornhaut (Augen) und Nerven.
Vorkommen: Milch und andere Milchprodukte, Leber, Nieren, Obst und Gemüse. Milch, Brot und Frühstücksflocken stellen etwa 40 Prozent des Riboflavin-Bedarfs in unserer Ernährung.
Tagesbedarf: 1,3 bis 1,7 mg für Erwachsene.
(Beispiel: 1 Scheibe Vollkornbrot enthält 0,2 mg, 1 Ei 0,4 mg und 100 g Hähnchenbrust 0,9 mg Vitamin B_2).

Niacin oder Nikotinsäure
(ehemals Vitamin B_3 und B_4)
Funktionen: Verhindert Pellagra, die vor allem bei Fehlernährung auftritt. Zu den möglichen Pellagra-Folgen zählen Dermatitis, Durchfall, Bewußtseinstrübung und sogar der Tod.
Vorkommen: Fleisch, Fisch, kleinere Mengen in Getreide, Obst, Gemüse, Milch und Eiern.
Tagesbedarf: Etwa 15 mg für Erwachsene. Über 500 mg Nikotinsäure können schädlich werden.
(Beispiel: 100 g Putenbrust enthalten 11,5 mg Niacin).

Vitamin B_6 (Pyridoxin)
Funktionen: Erforderlich für mehr als 60 enzymatische Reaktionen, unter anderem für solch wichtige chemische Vorgänge wie die Hormonproduktion und die Übermittlung von Nervenreizen. Pyridoxin-Mangel ruft Anämie, Schwäche und unter Umständen auch Harnsteine sowie Krämpfe bei Säuglingen hervor.
Vorkommen: Leber, Fisch, brauner Reis, die meisten Gemüse- und Obstsorten, wie Bananen und Trauben, ebenso mageres Fleisch, Fisch, Butter, Eier, Käse und Milch. Der Vitamin B_6-Gehalt in tierischer Nahrung und Getreide geht leider nur zu leicht beim Kochen bzw. Mahlen verloren.
Tagesbedarf: Etwa 1–2 mg, bei erhöhter Eiweißzufuhr oder der Einnahme von östrogenhaltigen und schmerzstillenden Mitteln bis zu 3 mg. Bis zu 10 mg pro Tag wirken als Harnstein-Prophylaxe. Jede höhere Dosierung ist jedoch giftig.
(Beispiel: 150 g Lachs oder 1 Avocado enthalten 1,5 mg Vitamin B_6.)

Vitamin B_{12} (Cobalamin)
Funtionen: Verhindert perniziöse Anämie. Wird von jeder Körperzelle benötigt und leistet einen wichtigen Beitrag bei Stoffwechsel und Zellteilung, vor allem an Rückenmark und Nervenzellen.
Vorkommen: Nur in tierischen Produkten, zum Beispiel in Fisch, Fleisch, Eigelb, Käse oder Milch. Da Obst, Gemüse oder Getreide kein Vitamin B_{12} enthalten, brauchen zum Beispiel strenge Vegetarier oft einen medikamentösen Ersatz.
Tagesbedarf: 5 μg. Fehlt der Magenschleimhaut der sogenannte Intrinsic-Faktor, kann Vitamin B_{12} durch orale Zufuhr leider nicht resorbiert werden. Das kann dann zu perniziöser Anämie führen, wenn B_{12} nicht durch Injektionen ersetzt wird. In allen anderen Fällen sind solche Injektionen reine Zeit- und Geldverschwendung.
(Beispiel: ½ l Milch enthält 2,2 ug, 125 g Magerquark 1,1 μg und 100 g Rotbarsch 3,8 μg Vitamin B_{12}.

Folsäure
Funktionen: Wichtig für fünf verschiedene Enzymsysteme, zum Beispiel für die Produktion roter Blutkörperchen und das Nervensystem. Verhindert Anämie.
Vorkommen: Leber, Weizenkleie, Spinat, Bohnen, Getreide, kleinere Mengen in magerem Fleisch, in Milchprodukten und in den meisten Obst- und Gemüsesorten.
Tagesbedarf: 160 μg.
(Beispiel: 100 g Rotkohl enthalten 53 μg, 100 g Schweineleber 220 μg Folsäure.)

Biotin
Funktionen: Erhaltung des Nervengewebes, Wachstum, usw. Biotin-Mangel (kommt äußerst selten vor) führt zu Lethargie, Depressionen, Neuralgien, hoher Schmerzemp-

findlichkeit, hohem Cholesterinspiegel und EKG-Veränderungen.
Vorkommen: Eier, Käse, Sojabohnen, Fleisch, Getreide, Obst und Gemüse.
Tagesbedarf: Etwa 150 μg
(Beispiel: 150 g Rinderniere enthalten 150 μg.)

Pantothensäure
Funktionen: Wichtiger Baustein des Enzymstoffwechsels für die Energieregelung. Stärkt die Abwehrkräfte gegen Infektionen, Ermüdungserscheinungen usw.
Vorkommen: Eier, Fleisch, Weizenkleie, Erdnüsse, Brokkoli, Blumenkohl und andere Kohlsorten.
Tagesbedarf: Etwa 10 mg. Beim Menschen keine Vergiftungserscheinungen durch Überdosierung.
(Beispiel: 100 g Ostseehering enthalten 9,3 mg).

Vitamin C
Funktionen: Verhindert Skorbut, eine früher häufige Mangelerkrankung, die innerhalb weniger Monate auf See ganze Schiffsbesatzungen dahinraffen konnte. Vitamin C ist für eine Unzahl von chemischen Reaktionen im Körper notwendig und wird vor allem zur Hormonproduktion, Wundheilung, Cholesterinstabilität und Eisenspeicherung gebraucht. Ist oft bei Harnwegsentzündungen indiziert, da es den Urin mit Säure anreichert.
Vorkommen: Die größten Mengen finden sich in schwarzen Johannisbeeren, Paprika, Brokkoli und Rosenkohl. Entgegen landläufigen Meinungen enthalten diese Nahrungsmittel viel mehr Vitamin C als Zitrusfrüchte. Vitamin C geht leicht bei langem Kochen und bei Lagerung im Licht verloren.
Tagesbedarf: Zur Skorbut-Prophylaxe liegt der minimale

Tagesbedarf bei 60 mg. Empfohlen werden allgemein 75 mg. Nach Dr. Linus Pauling ist eine Dosis von bis zu 2300 mg am Tag zur Verhinderung von Erkältungskrankheiten möglich.

Natürlich wird dieser Punkt heiß diskutiert, doch ist es erwiesen, daß eine Tagesdosis von 1000 mg bei Erwachsenen keine schädlichen Nebenwirkungen hat.

Die Befürworter der Vitamin C-Hochdosierung stellen die abenteuerlichsten Behauptungen auf. Sie sagen, Vitamin C wirke lebensverlängernd, potenzsteigernd und mindere das Krebs- und Herzinfarktrisiko. Doch können sie keine stichhaltigen Beweise dafür ins Feld führen. Vitamin-Selbstmedikation kann im Gegenteil ernsthafte, wenn nicht tödliche Folgen nach sich ziehen. Krankheitsbilder (wie Krebs) allein mit Vitaminen zu behandeln, ist grob fahrlässig. Keine Vitamindosis kann bei diagnostizierten Krankheiten den Arztbesuch ersetzen.

Allerdings ist ebenfalls wissenschaftlich erwiesen, daß die Vitamine E und C sich in Streßzeiten schneller erschöpfen. Beide sind auch wirksame Helfer bei der Darmkrebsprophylaxe. Daher scheint es nicht unvernünftig, diese beiden Vitamine – in geringen Mengen, versteht sich – in Pillenform zu sich zu nehmen.

(Beispiel: 150 g Erdbeeren enthalten 62 mg, 100 g Kiwi 150 mg Vitamin C.

Mineralstoffe

Calcium

Funktionen: Knochenbildung, Erhaltung der Zellstruktur, Blutgerinnung.
Vorkommen: Milchprodukte, Suppen, die mit Suppenknochen gekocht wurden, Gelatine, Nüsse, Hülsenfrüchte und sonstige Gemüsesorten.
Tagesbedarf: 800 mg.
(Beispiel: ½ l Buttermilch enthält 550 mg, 1 Scheibe Emmentaler 355 mg).

Eisen

Funktionen: Das Schlüsselement des Hämoglobin, das in den roten Blutkörperchen den Sauerstoff zum Gewebe transportiert. Eisen findet sich auch im Muskelgewebe. Bei Eisenmangel kommt es sehr schnell zu Blutarmut mit allen Symptomen, wie Ermüdung, Blässe und Kurzatmigkeit.
Vorkommen: In praktisch allen Organismen, die über einen Blutkreislauf verfügen, also in Fisch, Fleisch, Geflügel. Jedoch auch in Bohnen, Erbsen, Getreide, Schellfisch und Trockenfrüchten. Hohe Zinkdosen können die Eisenresorption behindern. Vitamin C dagegen hilft bei diesem Vorgang, obwohl das Vitamin wiederum die Kupfer-Aufnahme reduziert. (Daher ist es wohl einleuchtend, daß die genaue Dosierung all dieser Stoffe kein Freizeithobby sein sollte.)
Tagesbedarf: Etwa 20 mg für menstruierende Frauen und 10 mg für Männer. Diese Angaben basieren auf der Tatsache, daß nur etwa 10 Prozent des Eisens tatsächlich vom Körper aufgenommen werden. Während Schwangerschaft und Stillzeit erhöht sich der Tagesbedarf sogar noch (konsultieren Sie Ihren Arzt). Auch Vegetarier müssen auf eine geregelte Eisenzufuhr achten, da pflanzliches Eisen

wesentlich schwieriger zu resorbieren ist als solches tierischen Ursprungs.
Bei ständigem Eisenmangel, der auch nicht durch Medikation auszugleichen ist, sollten Sie dringend Ihren Arzt aufsuchen, denn der häufigste Grund für ein solches Defizit ist der geringe, unablässige Blutverlust aus einem Darmpolyp (Krebs-Vorstufe). Bei frühzeitiger Erkennung sind solche Läsionen meist harmlos. Werden sie jedoch nicht rechtzeitig erkannt, können die Folgen tödlich sein. Daher wird bei Krebsvorsorge-Untersuchungen auch immer der Stuhl nach ›okkultem‹ (verborgenem) Blut untersucht.
Vorsicht ist jedoch geboten. Es ist lebenswichtig, daß Sie nur dann Eisentabletten nehmen, wenn es Ihnen ärztlich verordnet wurde. Mir ist ein Todesfall infolge Eiseneinnahme bekannt: Ein kleines 2jähriges Mädchen, das nur acht Eisentabletten aus der Hausapotheke geschluckt hatte, starb – obwohl der Magen ausgepumpt wurde – einige Tage später im Krankenhaus. Die Eisenmenge war für den kindlichen Organismus einfach zuviel.
(Beispiel: 100 g Hähnchenleber enthalten 8 mg, 100 g Rinderfilet 4 mg und 100 g Fenchel 3 mg Eisen.)

Kalium
Funktionen: Muskelstoffwechsel, insbesondere des Herzmuskels; Nervengewebe.
Vorkommen: Fleisch, Milchprodukte, Bananen, überreife Tomaten.
Tagesbedarf: 3,5 g. Es wird dem Körper durch die normale Ernährung zugeführt. Zusätzliche Kaliumzufuhr ist unnötig, falls nicht extra vom Arzt verordnet (zum Beispiel bei Harntreibungs-Therapien).
(Beispiel: 200 g Kartoffeln enthalten 1 g, 100 g weiße Bohnen 1,4 g, 1 Orange 0,2 g Kalium.)

Kupfer
Funktionen: Beteiligt an der Eisen-Aufnahme; verhindert Anämie. Bei Zink-Medikation indiziert, da es bei der Resorption dieses Mineralstoffs hilft.
Vorkommen: Leber, Schellfisch, Nüsse und Bohnen. Fast die Hälfte des Tagesbedarfs kann jedoch durch das Leitungswasser gedeckt werden – falls Sie Wasserrohre aus Kupfer haben. Kupfermangel ist eigentlich recht selten.
Tagesbedarf: 2 mg.
(Beispiel: 100 g weiße Bohnen enthalten 2 mg, 100 g Hummer 2,2 mg Kupfer.)

Zink
Funktionen: Lebenswichtig für über 70 Enzymsysteme, für Wachstum, sexuelle Reifung, Wundheilung und die Gesunderhaltung von Haut, Haar und Nägeln. Zink-Defizite treten vor allem bei akutem und chronischem Streß auf, wenn die angekurbelte Kortikoid-Produktion zur Folge hat, daß Zink vermehrt durch den Urin ausgeschieden wird und so den Blutspiegel senkt. Ferner treten Mangelerscheinungen zuweilen bei Hochleistungssportlern und bei stark ballaststoffhaltiger Ernährung auf. (Ballaststoffe binden Zink und verhindern dessen Auswertung für den Körper.) Zinkmangel führt auch zu verminderter Spermienproduktion, Appetitlosigkeit, einer Schwächung der weißen Blutkörperchen, Dermatitis, Durchfall, Haarausfall und schlechter Wundheilung.
Ein Zink-Defizit kann aber auch den Vitamin A-Stoffwechsel stören und dadurch Nachtblindheit auslösen. In manchen Fällen kommt es sogar zum Verlust von Geruchs- und Geschmackssinn. Ein solcher Zinkmangel tritt vor allem bei Kindern auf, die zu wenig Fleisch und Milchprodukte zu sich nehmen. Auch streng vegetarisch lebende

Menschen können davon betroffen sein, denn Zink wird nur schwer vom Darm resorbiert, wenn viel Getreide gegessen wird. Zu guter Letzt behindert Zinkmangel auch das normale Größenwachstum bei Kindern. Dies läßt sich jedoch gut durch Zink-Präparate korrigieren.
Vorkommen: Fleisch, Eier, Meeresfrüchte (vor allem Austern, was vielleicht nicht zuletzt für die Legende von der aphrodisierenden Wirkung von Austern verantwortlich ist). Kleinere Mengen finden sich in Milch und Milchprodukten. Übermäßige Zinkzufuhr ist jedoch schädlich, denn sie kann Kupfermangel und damit Blutarmut hervorrufen. Die Sexualforscher fühlen sich aus dem Grund so unwiderstehlich von diesem Mineralstoff angezogen, weil die größten Zink-Konzentrationen in der Prostata vorkommen. Und tatsächlich: Viele Männer, deren Unfruchtbarkeit mit Zinkmangel einhergeht, sprachen auf die Zinktherapie gut an.
Wenn Impotenz auf Zinkmangel zurückzuführen ist, bringt die Zinktherapie hundertprozentige Heilungserfolge. Doch ist diese Form der Impotenz ziemlich selten. Besser, als an sich herumzudoktorn, ist es in solchen Fällen, einen Facharzt aufzusuchen. Denn wie gesagt: Zuviel Zink (etwa

Haaranalysen bieten keinen genauen Aufschluß über den Zink-Status, da der Zinkspiegel in einem Körperteil keine Rückschlüsse auf das Vorkommen in einem anderen Teil zuläßt. Diese Resultate sind meist äußerst unzuverlässig. Verschwenden Sie Ihr Geld also nicht für solchen Hokuspokus. Um genaue Angaben über den Zinkspiegel eines Körpers zu machen, braucht man neben korrekt entnommenen Haarproben, Blutplasma, rote Blutkörperchen und (beim Mann) Spermien.

150 mg am Tag) senkt den Kupferspiegel im Blut. Darüber hinaus kann es Blutfettwerte und Triglyceride erhöhen – alles unangenehme Nebenwirkungen. Überdosen von 6000 mg wirken sogar tödlich.
Tagesbedarf: 20 mg.
(Beispiel: 1 Ei enthält 1,8 mg, 100 g Edamer 5 mg und 100 g Camembert 3,5 mg Zink.)

Noch ein Wort zu den Aminosäuren

22 verschiedene Aminosäuren gibt es in unserem Körper. Davon muß knapp die Hälfte durch die tägliche Nahrung aufgenommen werden. Doch nur bei dreien kommt es mitunter vor, daß der Bedarf durch die Ernährung nicht vollständig gedeckt wird: Bei Lysin, Tryptophan und Methionin. Alle Aminosäuren befinden sich zwar sowohl in vegetarischer als auch ›fleischlicher‹ Kost. Doch ist es wichtig, sich nicht zu einseitig zu ernähren. Denn kein einzelnes Nahrungsmittel verfügt über alle essentiellen Aminosäuren.
Bohnen, Erbsen und andere Gemüsesorten weisen zum Beispiel viel Lysin und Tryptophan, aber wenig Methionin auf. Reis und andere Getreidesorten besitzen dagegen viel Methionin, aber wenig Lysin. So würde ein Bohnen-und-Reis-Gericht Ihren Eiweißbedarf durchaus decken. Doch ist es eigentlich nicht nötig, solche Tiefenanalysen beim Essen anzustellen. Sie müssen lediglich darauf achten, daß Ihre Ernährung alle vier Lebensmittel-Elemente in ausreichender Menge bereitstellt. Der Proteinbedarf erhöht sich jedoch in der Schwangerschaft, in den kindlichen Wachstumsjahren, nach Brandverletzungen und Operationen und während der Gewichtszunahme-Phase beim Bodybuilding.

Kalorien- und Ballaststoff-Tabelle

Wenn Sie diese Tabelle sorgfältig studieren, werden Sie einsehen, daß man sich bei der falschen Wahl der Nahrungsmittel schnell zu viele Kalorien bei zu geringem Sättigungsgrad einverleiben kann. So läßt sich die Kalorienzahl eines typischen Schnellgerichts folgendermaßen aufschlüsseln:

1 Bratwurst	480 kcal
Pommes frites (20 Stück)	310 kcal
1 EL Mayonnaise	130 kcal
1 Glas Cola, 0,2 l	88 kcal
2 Kugeln Eiscreme	174 kcal
Insgesamt:	1182 kcal

Eine solche Mahlzeit vertilgt man mal eben so nebenher, die Kalorien müssen aber zu der sonstigen Tagesration addiert werden, und dann sind es 1182 zuviel oder – anders gesagt – schon ein gutes Viertelpfund mehr an Gewicht. Und da diese ›Mahlzeit‹ auch noch einen sehr niedrigen Ballaststoffanteil hat, meldet sich trotz all der Kalorien nach ein paar Stunden Ihr Magen erneut durch heftiges Knurren.

Benutzen Sie die folgende Tabelle, um Lebensmittel zu finden, die in allen sechs Kategorien (s. Kapitel 5) zu unserem ausgewogenen Ernährungsprogramm passen. Diejenigen unter den Lebensmittel, die außerdem auch noch einen hohen Ballaststoffanteil besitzen, sind kursiv gedruckt.

Lebensmittel	Menge	Kalorien	Ballaststoff-anteil in Gramm
Ananas			
frisch	100 g	56	1,7
konserviert	1 Scheibe	38	1,2
Apfel	mittelgroß (125 g)	75	3,0
Apfelmus			
gesüßt	125 g	100	2,5
ungesüßt	125 g	55	2,5
Aprikosen, getrocknet	100 g	306	6,8
Aubergine	150 g	40	2,7
Avocado	125 g	160	1,8
Banane	mittelgroß (150 g)	100	1,3
Bier, Export	0,2 l	90	–
Birne	mittelgroß (125 g)	75	2,4
Bohnen			
dicke, gekocht	100 g	90	5,1
grüne	200 g	70	6,0
weiße, gekocht	100 g	95	7,4
weiße, getrocknet	100 g	352	29,0
Kidney (Dose)	100 g	94	9,7
Bohnensprossen (Mungo)	100 g	37	4,0
Blumenkohl	150 g	42	3,2
Brokkoli	150 g	55	4,5
Brombeeren	100 g	48	3,5
Brot			
Knäckebrot	1 Scheibe (10 g)	35	1,5
Roggenvollkorn-brot	1 Scheibe (45 g)	115	4,5
Weißbrot	1 Scheibe (30 g)	85	0,7
Weizenbrötchen	1 Stück (50 g)	135	1,8
Weizenvollkornbrot	1 Scheibe (35 g)	95	1,2
Toastbrot	1 Scheibe (20 g)	55	0,6

Lebensmittel	Menge	Kalorien	Ballaststoff-anteil in Gramm
Butter	1 TL	36	–
	1 EL	115	–
Cashewnüsse	5 Stück	45	1,0
Champignons			
frische	100 g	27	2,0
konserviert	100 g	21	1,0
Cola	0,2 l	88	–
Cornflakes	3 EL (20 g)	75	2,2
Datteln	2 Stück	39	1,2
Ei	1 Stück	88	–
Eigelb	1	70	–
Eiweiß	1	18	–
Eis			
Creme-Eis	1 Kugel (40 g)	86	–
Einfach-Eis	1 Kugel	55	–
Fruchteis	1 Kugel	55	–
Erbsen			
gelbe, gekocht	100 g	110	4,9
grüne, gekocht	100 g	87	7,0
Kichererbsen, gekocht	100 g	110	4,4
Erbsen und Möhren			
tiefgekühlt	1 Paket (300 g)	157	12,9
Erdbeeren	100 g	16	0,9
Erdnüsse	10 Stück, geröstet	100	2,2
Erdnußflips	1 Handvoll	40	0,8
Feigen	1 Stück	42	2,0
Fenchel	100 g	50	1,3
Fisch			
Flunder	100 g	82	–
Forelle	100 g	114	–
Heilbutt	100 g	110	–
Kabeljau	100 g	82	–
Lachs	100 g	217	–

Lebensmittel	Menge	Kalorien	Ballaststoff-anteil in Gramm
Matjesfilet	1 Stück (80 g)	230	–
Rotbarsch	100 g	114	–
Schleie	100 g	82	–
Scholle	100 g	82	–
Thunfisch	100 g	240	–
– in Öl	100 g	304	–
Fleischkäse	100 g	270	–
Fleischwurst	1 Scheibe (30 g)	95	–
Frühlingsrolle	1 Stück (150 g)	201	2,0
Gerstenflocken	2 EL (20 g)	80	1,2
Grapefruit	½ mittelgroße	30	0,8
Graupen	100 g	370	6,6
Grieß	2 EL (30 g)	110	1,6
Grünkohl	100 g	46	2,3
Gurke	100 g	10	0,4
Haferflocken	100 g	405	5,3
Hähnchen			
gebraten	½ Stück	360	–
ohne Haut	½ Stück	190	–
Haselnüsse	10 Kerne	70	0,4
Himbeeren	100 g	40	3,8
Honigmelone	¼ mittelgroße	42	1,5
Hummerfleisch	100 g	82	–
Joghurt			
3,5 % Fett	150 g-Becher	105	–
mager	150 g-Becher	75	–
Johannisbeeren			
rot	100 g	45	3,6
schwarz	100 g	57	3,8
Käse			
Brie	50 g	175	–
Camembert	50 g	175	–
Doppelrahm-frischkäse	20 g	70	–

Lebensmittel	Menge	Kalorien	Ballaststoff-anteil in Gramm
Emmentaler	1 Scheibe (30 g)	120	–
Gouda	1 Scheibe (30 g)	120	–
Hüttenkäse	½ Becher (100 g)	103	–
Parmesan	1 EL	40	–
Kartoffeln	mittelgroß (120 g)	80	1,8
Pommes frites	10 Stäbchen	155	2,0
Püree, verzehrfertig	100 g	185	3,0
Kastanien; geröstet	2 große	50	2,9
Keks			
Butterkeks	1 Stück	20	0,3
Vollkornkeks	1 Stück (20 g)	40	3,0
Ketchup	1 EL	20	0,2
Kirschen			
süße	10 Stück	38	0,9
saure	10 Stück	30	1,2
Krabbenfleisch	100 g	96	–
Lammfleisch			
Filet	100 g	122	–
Kotelett	100 g	370	–
Limonade	0,2 l	82	–
Linsen			
gekocht	100 g	75	4,5
getrocknet	100 g	350	22,0
Mais			
Dose	½ Tasse	64	5,0
Popcorn ohne Fett	40 g-Beutel	40	2,0
Popcorn, gesüßt	40 g-Beutel	200	2,0
Mandarine	1 Stück (40 g)	20	0,5
Mangold	150 g	40	2,5
Margarine	1 TL	38	–
	1 EL	114	–

Lebensmittel	Menge	Kalorien	Ballaststoff-anteil in Gramm
Miesmuschelfleisch	100 g	70	–
Milch			
3,5 % Fett	¼ l	165	–
1,5 % Fett	¼ l	122	–
Buttermilch	¼ l	100	–
Dickmilch	¼ l	157	–
Kaffeesahne	1 EL	11	–
Sahne, süße	0,1 l	317	–
Sahne, saure	0,1 l	114	–
Möhren	100 g	41	1,3
Müsliriegel	1 Stück (25 g)	120	0,7
Nudeln gekocht	100 g (= 30 g trocken)	125	0,5
Vollkorn, gekocht	100 g (= 25 g trocken)	110	2,7
Öl	1 TL	27	–
	1 EL	83	–
Oliven	10 Stück	70	1,2
Orange	mittelgroß (200 g)	77	2,4
Papaya	100 g	39	1,1
Paprika	100 g	28	1,3
Paranüsse	5 Stück	170	1,8
Passionsfrucht	100 g	50	1,0
Pfirsich	1 Stück (200 g mit Stein)	85	1,1
Pflaumen	100 g (mit Steinen)	58	1,4
Pistazien	1 EL	96	1,1
Reis			
geschält, gekocht	100 g (= 40 g trocken)	150	0,5
naturbelassen, gekocht	100 g (= 35 g trocken)	152	1,2
Rettich	100 g	20	3,5

Lebensmittel	Menge	Kalorien	Ballaststoff-anteil in Gramm
Rhabarber			
gekocht, mit Zucker	100 g	86	0,4
Roh	100 g	18	0,8
Rindfleisch			
Filet	200 g	250	–
Steak	200 g	400	–
Zunge	100 g	233	–
Rollmops	1 Stück (50 g)	110	–
Rosenkohl	150 g	82	4,5
Rosinen	1 EL	29	1,0
Rote Bete	100 g	37	1,8
Rosenkohl	100 g	27	2,6
Salami	1 Scheibe (20 g)	110	–
Salat			
Eisbergsalat	100 g	15	0,9
Endivien	100 g	17	1,9
Feldsalat	100 g	22	1,6
Kopfsalat	100 g	16	1,1
Sauerkraut	100 g	26	2,1
Schinken			
gekocht, ohne Fettrand	1 Scheibe (25 g)	75	–
roh, ohne Fettrand	1 Scheibe (15 g)	60	–
Schweinefleisch			
Filet	100 g	176	–
Kotelett	100 g	305	–
Speck, durchwachsener	100 g	660	–
Sellerie			
Knolle	100 g	38	3,6
Staude	100 g	21	1,8
Spargel	300 g	55	5,0
Spinat	200 g	52	4,6

Lebensmittel	Menge	Kalorien	Ballaststoff-anteil in Gramm
Sonnenblumenkerne	20 g	120	1,3
Tomaten	mittelgroß	19	0,9
Püree	500 ml-Packung	100	4,5
Truthahn			
Schinkenwurst	100 g	125	–
Schnitzel	100 g	120	–
Wein			
weiß, trocken	¼ l	175	–
weiß, halbtrocken	¼ l	200	–
rot, trocken	¼ l	165	–
rot, halbtrocken	¼ l	175	–
Weintrauben	20 Beeren	75	1,0
Zucchini	100 g	16	0,8
Zwieback	1 Stück	40	1,8
Zwiebeln	100 g	45	1,4

Beispiele für eine ausgewogene Ernährung

Wie schon in Kapitel 5 besprochen, sollte eine gute, ausgewogene Ernährung aus folgenden sechs Elementen zusammengesetzt sein:

1. Protein (Eiweiß)
2. Fette
3. Kohlehydrate
4. Ballaststoffe
5. Vitamine und Mineralstoffe
6. Wasser

Wenn Sie Lebensmittel kaufen wollen, die eine ausreichende Zufuhr dieser Kategorien garantieren, sollten Sie ferner daran denken, daß es vier Lebensmittel-Gruppen gibt:

1. Milch-Gruppe
2. Fleisch-Gruppe
3. Gemüse/Obst-Gruppe
4. Brot/Getreideprodukte-Gruppe

Als Faustregel gilt: Wenn Sie darauf achten, daß Sie Ihre Nahrungsmittel aus jeder dieser vier Gruppen beziehen, ist dies der einfachste Weg zu einer ausgewogenen Ernährung. Auf diesem Prinzip basieren die folgenden Vorschläge. (Strenge Vegetarier und Personen, die besondere Diät-Vorschriften beachten müssen, sollten diese Vorschläge ihren Bedürfnissen entsprechend abändern.)

Ausgewogenes Frühstück
Milch, Vollkornmüsli, Rühreier, Toast, Apfelsine
oder
Käse, kalter Braten, Roggenbrot, ½ Grapefruit

Ausgewogenes Mittagessen
Kopfsalat mit Thunfisch und Tomaten, Vollkorntoast, Eiscreme
oder
Gemüsesuppe mit Fleischeinlage, Vollweizencracker, Quark und frisches Obst

Ausgewogenes Abendessen
Grillhühnchen, gebackene Kartoffel, Salat, ein Brötchen, Joghurt
oder
Lammkotelett, brauner Reis, Erbsen, Möhren

Literaturhinweise

Blanchard, Kenneth H./Spencer Johnson: *Der Minuten-Manager,* deutsch von Hermann Gieselbusch und Gitta Joost, Reinbek 1983

Comfort, Alex: *Joy of Sex/Freude am Sex.* Deutsch von Willy Thaler, Berlin 1976

Cousins, Norman: *Der Arzt in uns selbst: Anatomie einer Krankheit aus der Sicht des Betroffenen.* Deutsch von Klaus Schomburg und Sylvia-Schomburg-Scherff, Reinbek 1981

Eyton, Audrey: *Die F-Plan-Diät: schneller, wirksamer, gesünder als jede andere Methode.* Deutsch von Sybil Gräfin Schönfeldt, Reinbek 1983

Friedman, Meyer/R. H. Roseman: *Rette dein Herz: Wie Streßgeplagte umlernen und das Infarktrisiko verringern können.* Deutsch von Jürgen Abel, Reinbek 1985

Johnson, Spencer/Larry Wilson: *Das Minuten-Verkaufstalent.* Deutsch von Roland Henssler und Erik Paulsen, Reinbek 1985

Mandino, Og: *The Choise* (Die Wahl), New York 1984

Masters, William H./Virginia E. Johnson: *Human Sexual Inadequacy* (Sexuelle Ungleichheit), New York 1980

Peale, Norman: *Die Wirksamkeit positiven Denkens: Der Weg zum neuen Lebensgefühl.* Eine Auswahl. Deutsch von Ernst Steiger u. a., Zürich 1987

Peter, Laurence Johnston/Raymond Hull: *Das Peter-Prinzip oder Die Hierarchie der Unfähigen.* Deutsch von Michael Jungblut, Reinbek 1970 Selye, Hans: *Streß beherrscht unser Leben.* Einzig berechtigte, vom Autor überprüfte Übersetzung ins Deutsche von Helmut Sopp unter Mitarbeit von Paul Klärner, Düsseldorf 1957

ders.: *Streß: Lebensregeln vom Entdecker des Stress-Syndroms.* Deutsch von Hans Th. Asbeck, Reinbek 1977

Tenner, Ogden/Redaktion der Time-Life-Bücher: *Streß.* Deutsch von Wulf Bergner, München 1977

Register